CORÉEN
VOCABULAIRE

POUR L'AUTOFORMATION

FRANÇAIS
COREEN

Les mots les plus utiles
Pour enrichir votre vocabulaire et aiguiser
vos compétences linguistiques

5000 mots

**Vocabulaire Français-Coréen pour l'autoformation. 5000 mots
Dictionnaire thématique**
Par Andrey Taranov

Les dictionnaires T&P Books ont pour but de vous aider à apprendre, à mémoriser et à réviser votre vocabulaire en langue étrangère. Ce dictionnaire thématique couvre tous les grands domaines du quotidien: l'économie, les sciences, la culture, etc …

Acquérir du vocabulaire avec les dictionnaires thématiques T&P Books vous offre les avantages suivants:

- Les données d'origine sont regroupées de manière cohérente, ce qui vous permet une mémorisation lexicale optimale
- La présentation conjointe de mots ayant la même racine vous permet de mémoriser des groupes sémantiques entiers (plutôt que des mots isolés)
- Les sous-groupes sémantiques vous permettent d'associer les mots entre eux de manière logique, ce qui facilite votre consolidation du vocabulaire
- Votre maîtrise de la langue peut être évaluée en fonction du nombre de mots acquis

Copyright © 2016 T&P Books Publishing

Tous droits réservés. Sans permission écrite préalable des éditeurs, toute reproduction ou exploitation partielle ou intégrale de cet ouvrage est interdite, sous quelque forme et par quelque procédé (électronique ou mécanique) que ce soit, y compris la photocopie, l'enregistrement ou le recours à un système de stockage et de récupération des données.

T&P Books Publishing
www.tpbooks.com

ISBN: 978-1-78616-593-0

Ce livre existe également en format électronique.
Pour plus d'informations, veuillez consulter notre site: www.tpbooks.com ou rendez-vous sur ceux des grandes librairies en ligne.

VOCABULAIRE CORÉEN POUR L'AUTOFORMATION
Dictionnaire thématique

Les dictionnaires T&P Books ont pour but de vous aider à apprendre, à mémoriser et à réviser votre vocabulaire en langue étrangère. Ce lexique présente, de façon thématique, plus de 5000 mots les plus fréquents de la langue.

- Ce livre comporte les mots les plus couramment utilisés
- Son usage est recommandé en complément de l'étude de toute autre méthode de langue
- Il répond à la fois aux besoins des débutants et à ceux des étudiants en langues étrangères de niveau avancé
- Il est idéal pour un usage quotidien, des séances de révision ponctuelles et des tests d'auto-évaluation
- Il vous permet de tester votre niveau de vocabulaire

Spécificités de ce dictionnaire thématique:

- Les mots sont présentés de manière sémantique, et non alphabétique
- Ils sont répartis en trois colonnes pour faciliter la révision et l'auto-évaluation
- Les groupes sémantiques sont divisés en sous-groupes pour favoriser l'apprentissage
- Ce lexique donne une transcription simple et pratique de chaque mot en langue étrangère

Ce dictionnaire comporte 155 thèmes, dont:

les notions fondamentales, les nombres, les couleurs, les mois et les saisons, les unités de mesure, les vêtements et les accessoires, les aliments et la nutrition, le restaurant, la famille et les liens de parenté, le caractère et la personnalité, les sentiments et les émotions, les maladies, la ville et la cité, le tourisme, le shopping, l'argent, la maison, le foyer, le bureau, la vie de bureau, l'import-export, le marketing, la recherche d'emploi, les sports, l'éducation, l'informatique, l'Internet, les outils, la nature, les différents pays du monde, les nationalités, et bien d'autres encore ...

TABLE DES MATIÈRES

Guide de prononciation — 9
Abréviations — 11

CONCEPTS DE BASE — 12
Concepts de base. Partie 1 — 12

1. Les pronoms — 12
2. Adresser des vœux. Se dire bonjour. Se dire au revoir — 12
3. Comment s'adresser à quelqu'un — 13
4. Les nombres cardinaux. Partie 1 — 13
5. Les nombres cardinaux. Partie 2 — 14
6. Les nombres ordinaux — 15
7. Les nombres. Fractions — 15
8. Les nombres. Opérations mathématiques — 15
9. Les nombres. Divers — 15
10. Les verbes les plus importants. Partie 1 — 16
11. Les verbes les plus importants. Partie 2 — 17
12. Les verbes les plus importants. Partie 3 — 18
13. Les verbes les plus importants. Partie 4 — 19
14. Les couleurs — 19
15. Les questions — 20
16. Les prépositions — 21
17. Les mots-outils. Les adverbes. Partie 1 — 21
18. Les mots-outils. Les adverbes. Partie 2 — 23

Concepts de base. Partie 2 — 25

19. Les jours de la semaine — 25
20. Les heures. Le jour et la nuit — 25
21. Les mois. Les saisons — 26
22. Les unités de mesure — 28
23. Les récipients — 29

L'HOMME — 30
L'homme. Le corps humain — 30

24. La tête — 30
25. Le corps humain — 31

Les vêtements & les accessoires — 32

26. Les vêtements d'extérieur — 32
27. Men's & women's clothing — 32

28. Les sous-vêtements	33
29. Les chapeaux	33
30. Les chaussures	33
31. Les accessoires personnels	34
32. Les vêtements. Divers	34
33. L'hygiène corporelle. Les cosmétiques	35
34. Les montres. Les horloges	36

Les aliments. L'alimentation 37

35. Les aliments	37
36. Les boissons	38
37. Les légumes	39
38. Les fruits. Les noix	40
39. Le pain. Les confiseries	41
40. Les plats cuisinés	41
41. Les épices	42
42. Les repas	43
43. Le dressage de la table	44
44. Le restaurant	44

La famille. Les parents. Les amis 45

45. Les données personnelles. Les formulaires	45
46. La famille. Les liens de parenté	45

La médecine 47

47. Les maladies	47
48. Les symptômes. Le traitement. Partie 1	48
49. Les symptômes. Le traitement. Partie 2	49
50. Les symptômes. Le traitement. Partie 3	50
51. Les médecins	51
52. Les médicaments. Les accessoires	51

L'HABITAT HUMAIN 52
La ville 52

53. La ville. La vie urbaine	52
54. Les institutions urbaines	53
55. Les enseignes. Les panneaux	54
56. Les transports en commun	55
57. Le tourisme	56
58. Le shopping	57
59. L'argent	58
60. La poste. Les services postaux	59

Le logement. La maison. Le foyer 60

61. La maison. L'électricité	60

62.	La villa et le manoir	60
63.	L'appartement	60
64.	Les meubles. L'intérieur	61
65.	La literie	62
66.	La cuisine	62
67.	La salle de bains	63
68.	Les appareils électroménagers	64

LES ACTIVITÉS HUMAINS 65
Le travail. Les affaires. Partie 1 65

69.	Le bureau. La vie de bureau	65
70.	Les processus d'affaires. Partie 1	66
71.	Les processus d'affaires. Partie 2	67
72.	L'usine. La production	68
73.	Le contrat. L'accord	69
74.	L'importation. L'exportation	70
75.	La finance	70
76.	La commercialisation. Le marketing	71
77.	La publicité	71
78.	Les opérations bancaires	72
79.	Le téléphone. La conversation téléphonique	73
80.	Le téléphone portable	73
81.	La papeterie	74
82.	Les types d'activités économiques	74

Le travail. Les affaires. Partie 2 77

83.	Les foires et les salons	77
84.	La recherche scientifique et les chercheurs	78

Les professions. Les métiers 79

85.	La recherche d'emploi. Le licenciement	79
86.	Les hommes d'affaires	79
87.	Les métiers des services	80
88.	Les professions militaires et leurs grades	81
89.	Les fonctionnaires. Les prêtres	82
90.	Les professions agricoles	82
91.	Les professions artistiques	83
92.	Les différents métiers	83
93.	Les occupations. Le statut social	85

L'éducation 86

94.	L'éducation	86
95.	L'enseignement supérieur	87
96.	Les disciplines scientifiques	88
97.	Le système d'écriture et l'orthographe	88
98.	Les langues étrangères	89

Les loisirs. Les voyages   91

99. Les voyages. Les excursions   91
100. L'hôtel   91

LE MATÉRIEL TECHNIQUE. LES TRANSPORTS   93
Le matériel technique   93

101. L'informatique   93
102. L'Internet. Le courrier électronique   94
103. L'électricité   95
104. Les outils   95

Les transports   98

105. L'avion   98
106. Le train   99
107. Le bateau   100
108. L'aéroport   101

Les grands événements de la vie   103

109. Les fêtes et les événements   103
110. L'enterrement. Le deuil   104
111. La guerre. Les soldats   104
112. La guerre. Partie 1   105
113. La guerre. Partie 2   107
114. Les armes   108
115. Les hommes préhistoriques   110
116. Le Moyen Âge   110
117. Les dirigeants. Les responsables. Les autorités   112
118. Les crimes. Les criminels. Partie 1   113
119. Les crimes. Les criminels. Partie 2   114
120. La police. La justice. Partie 1   115
121. La police. La justice. Partie 2   116

LA NATURE   118
La Terre. Partie 1   118

122. L'espace cosmique   118
123. La Terre   119
124. Les quatre parties du monde   120
125. Les océans et les mers   120
126. Les noms des mers et des océans   121
127. Les montagnes   122
128. Les noms des chaînes de montagne   123
129. Les fleuves   123
130. Les noms des fleuves   124
131. La forêt   124
132. Les ressources naturelles   125

La Terre. Partie 2   127

133. Le temps   127
134. Les intempéries. Les catastrophes naturelles   128

La faune   129

135. Les mammifères. Les prédateurs   129
136. Les animaux sauvages   129
137. Les animaux domestiques   130
138. Les oiseaux   131
139. Les poissons. Les animaux marins   132
140. Les amphibiens. Les reptiles   133
141. Les insectes   134

La flore   135

142. Les arbres   135
143. Les arbustes   135
144. Les fruits. Les baies   136
145. Les fleurs. Les plantes   136
146. Les céréales   138

LES PAYS DU MONDE. LES NATIONALITÉS   139

147. L'Europe de l'Ouest   139
148. L'Europe Centrale et l'Europe de l'Est   139
149. Les pays de l'ex-U.R.S.S.   140
150. L'Asie   140
151. L'Amérique du Nord   141
152. L'Amérique Centrale et l'Amérique du Sud   141
153. L'Afrique   142
154. L'Australie et Océanie   142
155. Les grandes villes   142

GUIDE DE PRONONCIATION

Lettre	Exemple en coréen	Alphabet phonétique T&P	Exemple en français

Consonnes

Lettre		Exemple en coréen	Alphabet phonétique T&P	Exemple en français
ㄱ	1	개	[k]	bocal
ㄱ	2	아기	[g]	gris
ㄲ		껌	[k]	[k] appuyé
ㄴ		눈	[n]	ananas
ㄷ	3	달	[t]	tennis
ㄷ	4	사다리	[d]	document
ㄸ		딸	[t]	[t] appuyé
ㄹ	5	라디오	[r]	racine, rouge
ㄹ	6	십팔	[l]	vélo
ㅁ		문	[m]	minéral
ㅂ	7	봄	[p]	panama
ㅂ	8	아버지	[b]	bureau
ㅃ		빵	[p]	[p] appuyé
ㅅ	9	실	[s]	syndicat
ㅅ	10	옷	[t]	tennis
ㅆ		쌀	[ja:]	diamant
ㅇ	11	강	[ŋ]	anglais - single, russe - динго
ㅈ	12	집	[tɕ]	Tchèque
ㅈ	13	아주	[dʑ]	jean
ㅉ		잠	[tɕ]	[tch] appuyé
ㅊ		차	[tɕh]	[tsch] aspiré
ㅌ		택시	[th]	[t] aspiré
ㅋ		칼	[kh]	[k] aspiré
ㅍ		포도	[ph]	[p] aspiré
ㅎ		한국	[h]	[h] aspiré

Lettre	Exemple en coréen	Alphabet phonétique T&P	Exemple en français

Voyelles et combinaisons de voyelles

ㅏ	사	[a]	classe
ㅑ	향	[ja]	caviar
ㅓ	머리	[ʌ]	carotte
ㅕ	병	[jɑ]	familial
ㅗ	곰	[o]	normal
ㅛ	표	[jɔ]	pavillon
ㅜ	물	[u]	boulevard
ㅠ	슈퍼	[ju]	voyou
ㅡ	음악	[ɪ]	capital
ㅣ	길	[i], [i:]	faillite
ㅐ	땜	[ɛ], [ɛ:]	arène
ㅒ	얘기	[je]	conseiller
ㅔ	펜	[e]	équipe
ㅖ	계산	[je]	conseiller
ㅘ	왕	[wa]	réservoir
ㅙ	왜	[ʊə]	trouée
ㅚ	회의	[ø], [we]	peu, web
ㅝ	권	[uɔ]	duo
ㅞ	웬	[ʊə]	trouée
ㅟ	쥐	[wi]	kiwi
ㅢ	거의	[ɯi]	combinaison [ɪi]

Remarques

[1] au début d'un mot
[2] entre des sons voisés
[3] au début d'un mot
[4] entre des sons voisés
[5] en début de syllabe
[6] en fin de syllabe
[7] au début d'un mot
[8] entre des sons voisés
[9] en début de syllabe
[10] en fin de syllabe
[11] en fin de syllabe
[12] au début d'un mot
[13] entre des sons voisés

ABRÉVIATIONS
employées dans ce livre

Abréviations en français

adj	-	adjective
adv	-	adverbe
anim.	-	animé
conj	-	conjonction
dénombr.	-	dénombrable
etc.	-	et cetera
f	-	nom féminin
f pl	-	féminin pluriel
fam.	-	familiar
fem.	-	féminin
form.	-	formal
inanim.	-	inanimé
indénombr.	-	indénombrable
m	-	nom masculin
m pl	-	masculin pluriel
m, f	-	masculin, féminin
masc.	-	masculin
math	-	mathematics
mil.	-	militaire
pl	-	pluriel
prep	-	préposition
pron	-	pronom
qch	-	quelque chose
qn	-	quelqu'un
sing.	-	singulier
v aux	-	verbe auxiliaire
v imp	-	verbe impersonnel
vi	-	verbe intransitif
vi, vt	-	verbe intransitif, transitif
vp	-	verbe pronominal
vt	-	verbe transitif

CONCEPTS DE BASE

Concepts de base. Partie 1

1. Les pronoms

je	나, 저	na
tu	너	neo
il	그, 그분	geu, geu-bun
elle	그녀	geu-nyeo
ça	그것	geu-geot
nous	우리	u-ri
vous	너희	neo-hui
vous (form., sing.)	당신	dang-sin
ils, elles	그들	geu-deul

2. Adresser des vœux. Se dire bonjour. Se dire au revoir

Bonjour! (fam.)	안녕!	an-nyeong!
Bonjour! (form.)	안녕하세요!	an-nyeong-ha-se-yo!
Bonjour! (le matin)	안녕하세요!	an-nyeong-ha-se-yo!
Bonjour! (après-midi)	안녕하세요!	an-nyeong-ha-se-yo!
Bonsoir!	안녕하세요!	an-nyeong-ha-se-yo!
dire bonjour	인사하다	in-sa-ha-da
Salut!	안녕!	an-nyeong!
salut (m)	인사	in-sa
saluer (vt)	인사하다	in-sa-ha-da
Comment ça va?	잘 지내세요?	jal ji-nae-se-yo?
Quoi de neuf?	어떻게 지내?	eo-tteo-ke ji-nae?
Au revoir!	안녕히 가세요!	an-nyeong-hi ga-se-yo!
À bientôt!	또 만나요!	tto man-na-yo!
Adieu! (fam.)	잘 있어!	jal ri-seo!
Adieu! (form.)	안녕히 계세요!	an-nyeong-hi gye-se-yo!
dire au revoir	작별인사를 하다	jak-byeo-rin-sa-reul ha-da
Salut! (À bientôt!)	안녕!	an-nyeong!
Merci!	감사합니다!	gam-sa-ham-ni-da!
Merci beaucoup!	대단히 감사합니다!	dae-dan-hi gam-sa-ham-ni-da!
Je vous en prie	천만이에요	cheon-man-i-e-yo
Il n'y a pas de quoi	천만의 말씀입니다	cheon-man-ui mal-sseum-im-ni-da
Pas de quoi	천만에	cheon-man-e

Excuse-moi!	실례!	sil-lye!
Excusez-moi!	실례합니다!	sil-lye-ham-ni-da!
excuser (vt)	용서하다	yong-seo-ha-da
s'excuser (vp)	사과하다	sa-gwa-ha-da
Mes excuses	사과드립니다	sa-gwa-deu-rim-ni-da
Pardonnez-moi!	죄송합니다!	joe-song-ham-ni-da!
pardonner (vt)	용서하다	yong-seo-ha-da
s'il vous plaît	부탁합니다	bu-tak-am-ni-da
N'oubliez pas!	잊지 마십시오!	it-ji ma-sip-si-o!
Bien sûr!	물론이에요!	mul-lon-i-e-yo!
Bien sûr que non!	물론 아니에요!	mul-lon a-ni-e-yo!
D'accord!	그래요!	geu-rae-yo!
Ça suffit!	그만!	geu-man!

3. Comment s'adresser à quelqu'un

monsieur	선생	seon-saeng
madame	여사님	yeo-sa-nim
madame (mademoiselle)	아가씨	a-ga-ssi
jeune homme	젊은 분	jeol-meun bun
petit garçon	꼬마	kko-ma
petite fille	꼬마	kko-ma

4. Les nombres cardinaux. Partie 1

zéro	영	yeong
un	일	il
deux	이	i
trois	삼	sam
quatre	사	sa
cinq	오	o
six	육	yuk
sept	칠	chil
huit	팔	pal
neuf	구	gu
dix	십	sip
onze	십일	si-bil
douze	십이	si-bi
treize	십삼	sip-sam
quatorze	십사	sip-sa
quinze	십오	si-bo
seize	십육	si-byuk
dix-sept	십칠	sip-chil
dix-huit	십팔	sip-pal
dix-neuf	십구	sip-gu
vingt	이십	i-sip
vingt et un	이십일	i-si-bil

vingt-deux	이십이	i-si-bi
vingt-trois	이십삼	i-sip-sam
trente	삼십	sam-sip
trente et un	삼십일	sam-si-bil
trente-deux	삼십이	sam-si-bi
trente-trois	삼십삼	sam-sip-sam
quarante	사십	sa-sip
quarante et un	사십일	sa-si-bil
quarante-deux	사십이	sa-si-bi
quarante-trois	사십삼	sa-sip-sam
cinquante	오십	o-sip
cinquante et un	오십일	o-si-bil
cinquante-deux	오십이	o-si-bi
cinquante-trois	오십삼	o-sip-sam
soixante	육십	yuk-sip
soixante et un	육십일	yuk-si-bil
soixante-deux	육십이	yuk-si-bi
soixante-trois	육십삼	yuk-sip-sam
soixante-dix	칠십	chil-sip
soixante et onze	칠십일	chil-si-bil
soixante-douze	칠십이	chil-si-bi
soixante-treize	칠십삼	chil-sip-sam
quatre-vingts	팔십	pal-sip
quatre-vingt et un	팔십일	pal-si-bil
quatre-vingt deux	팔십이	pal-si-bi
quatre-vingt trois	팔십삼	pal-sip-sam
quatre-vingt-dix	구십	gu-sip
quatre-vingt et onze	구십일	gu-si-bil
quatre-vingt-douze	구십이	gu-si-bi
quatre-vingt-treize	구십삼	gu-sip-sam

5. Les nombres cardinaux. Partie 2

cent	백	baek
deux cents	이백	i-baek
trois cents	삼백	sam-baek
quatre cents	사백	sa-baek
cinq cents	오백	o-baek
six cents	육백	yuk-baek
sept cents	칠백	chil-baek
huit cents	팔백	pal-baek
neuf cents	구백	gu-baek
mille	천	cheon
deux mille	이천	i-cheon
trois mille	삼천	sam-cheon

dix mille	만	man
cent mille	십만	sim-man
million (m)	백만	baeng-man
milliard (m)	십억	si-beok

6. Les nombres ordinaux

premier (adj)	첫 번째의	cheot beon-jjae-ui
deuxième (adj)	두 번째의	du beon-jjae-ui
troisième (adj)	세 번째의	se beon-jjae-ui
quatrième (adj)	네 번째의	ne beon-jjae-ui
cinquième (adj)	다섯 번째의	da-seot beon-jjae-ui
sixième (adj)	여섯 번째의	yeo-seot beon-jjae-ui
septième (adj)	일곱 번째의	il-gop beon-jjae-ui
huitième (adj)	여덟 번째의	yeo-deol beon-jjae-ui
neuvième (adj)	아홉 번째의	a-hop beon-jjae-ui
dixième (adj)	열 번째의	yeol beon-jjae-ui

7. Les nombres. Fractions

fraction (f)	분수	bun-su
un demi	이분의 일	i-bun-ui il
un tiers	삼분의 일	sam-bun-ui il
un quart	사분의 일	sa-bun-ui il
un huitième	팔분의 일	pal-bun-ui il
un dixième	십분의 일	sip-bun-ui il
deux tiers	삼분의 이	sam-bun-ui i
trois quarts	사분의 삼	sa-bun-ui sam

8. Les nombres. Opérations mathématiques

soustraction (f)	빼기	ppae-gi
soustraire (vt)	빼다	ppae-da
division (f)	나누기	na-nu-gi
diviser (vt)	나누다	na-nu-da
addition (f)	더하기	deo-ha-gi
additionner (vt)	합하다	ha-pa-da
ajouter (vt)	더하다	deo-ha-da
multiplication (f)	곱하기	go-pa-gi
multiplier (vt)	곱하다	go-pa-da

9. Les nombres. Divers

chiffre (m)	숫자	sut-ja
nombre (m)	숫자	sut-ja

adjectif (m) numéral	수사	su-sa
moins (m)	마이너스	ma-i-neo-seu
plus (m)	플러스	peul-leo-seu
formule (f)	공식	gong-sik
calcul (m)	계산	gye-san
compter (vt)	세다	se-da
calculer (vt)	헤아리다	he-a-ri-da
comparer (vt)	비교하다	bi-gyo-ha-da
Combien? (indénombr.)	얼마?	eol-ma?
Combien? (dénombr.)	얼마나?	eo-di-ro?
somme (f)	총합	chong-hap
résultat (m)	결과	gyeol-gwa
reste (m)	나머지	na-meo-ji
quelques ...	몇	myeot
peu de ...	조금	jo-geum
reste (m)	나머지	na-meo-ji
un et demi	일과 이분의 일	il-gwa i-bun-ui il
douzaine (f)	다스	da-seu
en deux (adv)	반으로	ba-neu-ro
en parties égales	균등하게	gyun-deung-ha-ge
moitié (f)	절반	jeol-ban
fois (f)	번	beon

10. Les verbes les plus importants. Partie 1

aider (vt)	도와주다	do-wa-ju-da
aimer (qn)	사랑하다	sa-rang-ha-da
aller (à pied)	가다	ga-da
apercevoir (vt)	알아차리다	a-ra-cha-ri-da
appartenir à ...	... 에 속하다	... e sok-a-da
appeler (au secours)	부르다, 요청하다	bu-reu-da, yo-cheong-ha-da
attendre (vt)	기다리다	gi-da-ri-da
attraper (vt)	잡다	jap-da
avertir (vt)	경고하다	gyeong-go-ha-da
avoir (vt)	가지다	ga-ji-da
avoir confiance	신뢰하다	sil-loe-ha-da
avoir faim	배가 고프다	bae-ga go-peu-da
avoir peur	무서워하다	mu-seo-wo-ha-da
avoir soif	목마르다	mong-ma-reu-da
cacher (vt)	숨기다	sum-gi-da
casser (briser)	깨뜨리다	kkae-tteu-ri-da
cesser (vt)	그만두다	geu-man-du-da
changer (vt)	바꾸다	ba-kku-da
chasser (animaux)	사냥하다	sa-nyang-ha-da
chercher (vt)	... 를 찾다	... reul chat-da
choisir (vt)	선택하다	seon-taek-a-da

commander (~ le menu)	주문하다	ju-mun-ha-da
commencer (vt)	시작하다	si-jak-a-da
comparer (vt)	비교하다	bi-gyo-ha-da
comprendre (vt)	이해하다	i-hae-ha-da
compter (dénombrer)	세다	se-da
compter sur …	… 에 의지하다	… e ui-ji-ha-da
confondre (vt)	혼동하다	hon-dong-ha-da
connaître (qn)	알다	al-da
conseiller (vt)	조언하다	jo-eon-ha-da
continuer (vt)	계속하다	gye-sok-a-da
contrôler (vt)	제어하다	je-eo-ha-da
courir (vi)	달리다	dal-li-da
coûter (vt)	값이 … 이다	gap-si … i-da
créer (vt)	창조하다	chang-jo-ha-da
creuser (vt)	파다	pa-da
crier (vi)	소리치다	so-ri-chi-da

11. Les verbes les plus importants. Partie 2

décorer (~ la maison)	장식하다	jang-sik-a-da
défendre (vt)	방어하다	bang-eo-ha-da
déjeuner (vi)	점심을 먹다	jeom-si-meul meok-da
demander (~ l'heure)	묻다	mut-da
demander (de faire qch)	부탁하다	bu-tak-a-da
descendre (vi)	내려오다	nae-ryeo-o-da
deviner (vt)	추측하다	chu-cheuk-a-da
dîner (vi)	저녁을 먹다	jeo-nyeo-geul meok-da
dire (vt)	말하다	mal-ha-da
diriger (~ une usine)	운영하다	u-nyeong-ha-da
discuter (vt)	의논하다	ui-non-ha-da
donner (vt)	주다	ju-da
donner un indice	힌트를 주다	hin-teu-reul ju-da
douter (vt)	의심하다	ui-sim-ha-da
écrire (vt)	쓰다	sseu-da
entendre (bruit, etc.)	듣다	deut-da
entrer (vi)	들어가다	deu-reo-ga-da
envoyer (vt)	보내다	bo-nae-da
espérer (vi)	희망하다	hui-mang-ha-da
essayer (vt)	해보다	hae-bo-da
être d'accord	동의하다	dong-ui-ha-da
être nécessaire	필요하다	pi-ryo-ha-da
être pressé	서두르다	seo-du-reu-da
étudier (vt)	공부하다	gong-bu-ha-da
exiger (vt)	요구하다	yo-gu-ha-da
exister (vi)	존재하다	jon-jae-ha-da
expliquer (vt)	설명하다	seol-myeong-ha-da
faire (vt)	하다	ha-da

faire tomber	떨어뜨리다	tteo-reo-tteu-ri-da
finir (vt)	끝내다	kkeun-nae-da
garder (conserver)	보관하다	bo-gwan-ha-da
gronder, réprimander (vt)	꾸짖다	kku-jit-da
informer (vt)	알리다	al-li-da
insister (vi)	주장하다	ju-jang-ha-da
insulter (vt)	모욕하다	mo-yok-a-da
inviter (vt)	초대하다	cho-dae-ha-da
jouer (s'amuser)	놀다	nol-da

12. Les verbes les plus importants. Partie 3

libérer (ville, etc.)	해방하다	hae-bang-ha-da
lire (vi, vt)	읽다	ik-da
louer (prendre en location)	임대하다	im-dae-ha-da
manquer (l'école)	결석하다	gyeol-seok-a-da
menacer (vt)	협박하다	hyeop-bak-a-da
mentionner (vt)	언급하다	eon-geu-pa-da
montrer (vt)	보여주다	bo-yeo-ju-da
nager (vi)	수영하다	su-yeong-ha-da
objecter (vt)	반대하다	ban-dae-ha-da
observer (vt)	지켜보다	ji-kyeo-bo-da
ordonner (mil.)	명령하다	myeong-nyeong-ha-da
oublier (vt)	잊다	it-da
ouvrir (vt)	열다	yeol-da
pardonner (vt)	용서하다	yong-seo-ha-da
parler (vi, vt)	말하다	mal-ha-da
participer à ...	참가하다	cham-ga-ha-da
payer (régler)	지불하다	ji-bul-ha-da
penser (vi, vt)	생각하다	saeng-gak-a-da
permettre (vt)	허가하다	heo-ga-ha-da
plaire (être apprécié)	좋아하다	jo-a-ha-da
plaisanter (vi)	농담하다	nong-dam-ha-da
planifier (vt)	계획하다	gye-hoek-a-da
pleurer (vi)	울다	ul-da
posséder (vt)	소유하다	so-yu-ha-da
pouvoir (v aux)	할 수 있다	hal su it-da
préférer (vt)	선호하다	seon-ho-ha-da
prendre (vt)	잡다	jap-da
prendre en note	적다	jeok-da
prendre le petit déjeuner	아침을 먹다	a-chi-meul meok-da
préparer (le dîner)	요리하다	yo-ri-ha-da
prévoir (vt)	예상하다	ye-sang-ha-da
prier (~ Dieu)	기도하다	gi-do-ha-da
promettre (vt)	약속하다	yak-sok-a-da
prononcer (vt)	발음하다	ba-reum-ha-da
proposer (vt)	제안하다	je-an-ha-da
punir (vt)	처벌하다	cheo-beol-ha-da

13. Les verbes les plus importants. Partie 4

recommander (vt)	추천하다	chu-cheon-ha-da
regretter (vt)	후회하다	hu-hoe-ha-da
répéter (dire encore)	반복하다	ban-bok-a-da
répondre (vi, vt)	대답하다	dae-da-pa-da
réserver (une chambre)	예약하다	ye-yak-a-da
rester silencieux	침묵을 지키다	chim-mu-geul ji-ki-da
réunir (regrouper)	연합하다	yeon-ha-pa-da
rire (vi)	웃다	ut-da
s'arrêter (vp)	정지하다	jeong-ji-ha-da
s'asseoir (vp)	앉다	an-da
sauver (la vie à qn)	구조하다	gu-jo-ha-da
savoir (qch)	알다	al-da
se baigner (vp)	수영하다	su-yeong-ha-da
se plaindre (vp)	불평하다	bul-pyeong-ha-da
se refuser (vp)	거절하다	geo-jeol-ha-da
se tromper (vp)	실수하다	sil-su-ha-da
se vanter (vp)	자랑하다	ja-rang-ha-da
s'étonner (vp)	놀라다	nol-la-da
s'excuser (vp)	사과하다	sa-gwa-ha-da
signer (vt)	서명하다	seo-myeong-ha-da
signifier (vt)	의미하다	ui-mi-ha-da
s'intéresser (vp)	… 에 관심을 가지다	… e gwan-si-meul ga-ji-da
sortir (aller dehors)	나가다	na-ga-da
sourire (vi)	미소를 짓다	mi-so-reul jit-da
sous-estimer (vt)	과소평가하다	gwa-so-pyeong-ga-ha-da
suivre … (suivez-moi)	… 를 따라가다	… reul tta-ra-ga-da
tirer (vt)	쏘다	sso-da
tomber (vi)	떨어지다	tteo-reo-ji-da
toucher (avec les mains)	닿다	da-ta
tourner (~ à gauche)	돌다	dol-da
traduire (vt)	번역하다	beo-nyeok-a-da
travailler (vi)	일하다	il-ha-da
tromper (vt)	속이다	so-gi-da
trouver (vt)	찾다	chat-da
tuer (vt)	죽이다	ju-gi-da
vendre (vt)	팔다	pal-da
venir (vi)	도착하다	do-chak-a-da
voir (vt)	보다	bo-da
voler (avion, oiseau)	날다	nal-da
voler (qch à qn)	훔치다	hum-chi-da
vouloir (vt)	원하다	won-ha-da

14. Les couleurs

couleur (f)	색	sae
teinte (f)	색조	saek-jo

ton (m)	색상	saek-sang
arc-en-ciel (m)	무지개	mu-ji-gae
blanc (adj)	흰	huin
noir (adj)	검은	geo-meun
gris (adj)	회색의	hoe-sae-gui
vert (adj)	초록색의	cho-rok-sae-gui
jaune (adj)	노란	no-ran
rouge (adj)	빨간	ppal-gan
bleu (adj)	파란	pa-ran
bleu clair (adj)	하늘색의	ha-neul-sae-gui
rose (adj)	분홍색의	bun-hong-sae-gui
orange (adj)	주황색의	ju-hwang-sae-gui
violet (adj)	보라색의	bo-ra-sae-gui
brun (adj)	갈색의	gal-sae-gui
d'or (adj)	금색의	geum-sae-gui
argenté (adj)	은색의	eun-sae-gui
beige (adj)	베이지색의	be-i-ji-sae-gui
crème (adj)	크림색의	keu-rim-sae-gui
turquoise (adj)	청록색의	cheong-nok-sae-gui
rouge cerise (adj)	암적색의	am-jeok-sae-gui
lilas (adj)	연보라색의	yeon-bo-ra-sae-gui
framboise (adj)	진홍색의	jin-hong-sae-gui
clair (adj)	밝은	bal-geun
foncé (adj)	짙은	ji-teun
vif (adj)	선명한	seon-myeong-han
de couleur (adj)	색의	sae-gui
en couleurs (adj)	컬러의	keol-leo-ui
noir et blanc (adj)	흑백의	heuk-bae-gui
unicolore (adj)	단색의	dan-sae-gui
multicolore (adj)	다색의	da-sae-gui

15. Les questions

Qui?	누구?	nu-gu?
Quoi?	무엇?	mu-eot?
Où? (~ es-tu?)	어디?	eo-di?
Où? (~ vas-tu?)	어디로?	eo-di-ro?
D'où?	어디로부터?	eo-di-ro-bu-teo?
Quand?	언제?	eon-je?
Pourquoi? (~ es-tu venu?)	왜?	wae?
Pourquoi? (~ t'es pâle?)	왜?	wae?
À quoi bon?	무엇을 위해서?	mu-eos-eul rwi-hae-seo?
Comment?	어떻게?	eo-tteo-ke?
Quel? (à ~ prix?)	어떤?	eo-tteon?
Lequel?	어느?	eo-neu?
À qui? (pour qui?)	누구에게?	nu-gu-e-ge?

De qui?	누구에 대하여?	nu-gu-e dae-ha-yeo?
De quoi?	무엇에 대하여?	mu-eos-e dae-ha-yeo?
Avec qui?	누구하고?	nu-gu-ha-go?
Combien?	얼마?	eol-ma?
À qui? (~ est ce livre?)	누구의?	nu-gu-ui?

16. Les prépositions

avec (~ toi)	... 하고	... ha-go
sans (~ sucre)	없이	eop-si
à (aller ~ ...)	... 에	... e
de (au sujet de)	... 에 대하여	... e dae-ha-yeo
avant (~ midi)	전에	jeon-e
devant (~ la maison)	... 앞에	... a-pe
sous (~ la commode)	밑에	mi-te
au-dessus de ...	위에	wi-e
sur (dessus)	위에	wi-e
de (venir ~ Paris)	... 에서	... e-seo
en (en bois, etc.)	... 로	... ro
dans (~ deux heures)	... 안에	... a-ne
par dessus	너머	dwi-e

17. Les mots-outils. Les adverbes. Partie 1

Où? (~ es-tu?)	어디?	eo-di?
ici (c'est ~)	여기	yeo-gi
là-bas (c'est ~)	거기	geo-gi
quelque part (être)	어딘가	eo-din-ga
nulle part (adv)	어디도	eo-di-do
près de ...	옆에	yeo-pe
près de la fenêtre	창문 옆에	chang-mun nyeo-pe
Où? (~ vas-tu?)	어디로?	eo-di-ro?
ici (Venez ~)	여기로	yeo-gi-ro
là-bas (j'irai ~)	거기로	geo-gi-ro
d'ici (adv)	여기서	yeo-gi-seo
de là-bas (adv)	거기서	geo-gi-seo
près (pas loin)	가까이	ga-kka-i
loin (adv)	멀리	meol-li
près de (~ Paris)	근처에	geun-cheo-e
tout près (adv)	인근에	in-geu-ne
pas loin (adv)	멀지 않게	meol-ji an-ke
gauche (adj)	왼쪽의	oen-jjo-gui
à gauche (être ~)	왼쪽에	oen-jjo-ge

à gauche (tournez ~)	왼쪽으로	oen-jjo-geu-ro
droit (adj)	오른쪽의	o-reun-jjo-gui
à droite (être ~)	오른쪽에	o-reun-jjo-ge
à droite (tournez ~)	오른쪽으로	o-reun-jjo-geu-ro
devant (adv)	앞쪽에	ap-jjo-ge
de devant (adj)	앞의	a-pui
en avant (adv)	앞으로	a-peu-ro
derrière (adv)	뒤에	dwi-e
par derrière (adv)	뒤에서	dwi-e-seo
en arrière (regarder ~)	뒤로	dwi-ro
milieu (m)	가운데	ga-un-de
au milieu (adv)	가운데에	ga-un-de-e
de côté (vue ~)	옆에	yeo-pe
partout (adv)	모든 곳에	mo-deun gos-e
autour (adv)	주위에	ju-wi-e
de l'intérieur	내면에서	nae-myeon-e-seo
quelque part (aller)	어딘가에	eo-din-ga-e
tout droit (adv)	똑바로	ttok-ba-ro
en arrière (revenir ~)	뒤로	dwi-ro
de quelque part (n'import d'où)	어디에서든지	eo-di-e-seo-deun-ji
de quelque part (on ne sait pas d'où)	어디로부터인지	eo-di-ro-bu-teo-in-ji
premièrement (adv)	첫째로	cheot-jjae-ro
deuxièmement (adv)	둘째로	dul-jjae-ro
troisièmement (adv)	셋째로	set-jjae-ro
soudain (adv)	갑자기	gap-ja-gi
au début (adv)	처음에	cheo-eum-e
pour la première fois	처음으로	cheo-eu-meu-ro
bien avant ...	... 오래 전에	... o-rae jeon-e
de nouveau (adv)	다시	da-si
pour toujours (adv)	영원히	yeong-won-hi
jamais (adv)	절대로	jeol-dae-ro
de nouveau, encore (adv)	다시	da-si
maintenant (adv)	이제	i-je
souvent (adv)	자주	ja-ju
alors (adv)	그때	geu-ttae
d'urgence (adv)	급히	geu-pi
d'habitude (adv)	보통으로	bo-tong-eu-ro
à propos, ...	그건 그렇고, ...	geu-geon geu-reo-ko, ...
c'est possible	가능한	ga-neung-han
probablement (adv)	아마	a-ma
peut-être (adv)	어쩌면	eo-jjeo-myeon
en plus, ...	게다가 ...	ge-da-ga ...
c'est pourquoi ...	그래서 ...	geu-rae-seo ...
malgré ...	... 에도 불구하고	... e-do bul-gu-ha-go

grâce à ...	... 덕분에	... deok-bun-e
quelque chose (Il m'est arrivé ~)	무엇인가	mu-eon-nin-ga
quelque chose (peut-on faire ~)	무엇이든지	mu-eon-ni-deun-ji
rien (m)	아무것도	a-mu-geot-do
quelqu'un (on ne sait pas qui)	누구	nu-gu
quelqu'un (n'importe qui)	누군가	nu-gun-ga
personne (pron)	아무도	a-mu-do
nulle part (aller ~)	아무데도	a-mu-de-do
de personne	누구의 것도 아닌	nu-gu-ui geot-do a-nin
de n'importe qui	누군가의	nu-gun-ga-ui
comme ça (adv)	그래서	geu-rae-seo
également (adv)	역시	yeok-si
aussi (adv)	또한	tto-han

18. Les mots-outils. Les adverbes. Partie 2

Pourquoi?	왜?	wae?
pour une certaine raison	어떤 이유로	eo-tteon ni-yu-ro
parce que ...	왜냐하면 ...	wae-nya-ha-myeon ...
pour une raison quelconque	어떤 목적으로	eo-tteon mok-jeo-geu-ro
et (conj)	그리고	geu-ri-go
ou (conj)	또는	tto-neun
mais (conj)	그러나	geu-reo-na
pour ... (prep)	위해서	wi-hae-seo
trop (adv)	너무	neo-mu
seulement (adv)	... 만	... man
précisément (adv)	정확하게	jeong-hwak-a-ge
près de ... (prep)	약	yak
approximativement	대략	dae-ryak
approximatif (adj)	대략적인	dae-ryak-jeo-gin
presque (adv)	거의	geo-ui
reste (m)	나머지	na-meo-ji
chaque (adj)	각각의	gak-ga-gui
n'importe quel (adj)	아무	a-mu
beaucoup (adv)	많이	ma-ni
plusieurs (pron)	많은 사람들	ma-neun sa-ram-deul
tous	모두	mo-du
en échange de ...	... 의 교환으로	... ui gyo-hwa-neu-ro
en échange (adv)	교환으로	gyo-hwa-neu-ro
à la main (adv)	수공으로	su-gong-eu-ro
peu probable (adj)	거의	geo-ui
probablement (adv)	아마	a-ma
exprès (adv)	일부러	il-bu-reo

par accident (adv)	우연히	u-yeon-hi
très (adv)	아주	a-ju
par exemple (adv)	예를 들면	ye-reul deul-myeon
entre (prep)	사이에	sa-i-e
parmi (prep)	중에	jung-e
autant (adv)	이만큼	i-man-keum
surtout (adv)	특히	teuk-i

Concepts de base. Partie 2

19. Les jours de la semaine

lundi (m)	월요일	wo-ryo-il
mardi (m)	화요일	hwa-yo-il
mercredi (m)	수요일	su-yo-il
jeudi (m)	목요일	mo-gyo-il
vendredi (m)	금요일	geu-myo-il
samedi (m)	토요일	to-yo-il
dimanche (m)	일요일	i-ryo-il
aujourd'hui (adv)	오늘	o-neul
demain (adv)	내일	nae-il
après-demain (adv)	모레	mo-re
hier (adv)	어제	eo-je
avant-hier (adv)	그저께	geu-jeo-kke
jour (m)	낮	nat
jour (m) ouvrable	근무일	geun-mu-il
jour (m) férié	공휴일	gong-hyu-il
jour (m) de repos	휴일	hyu-il
week-end (m)	주말	ju-mal
toute la journée	하루종일	ha-ru-jong-il
le lendemain	다음날	da-eum-nal
il y a 2 jours	이틀 전	i-teul jeon
la veille	전날	jeon-nal
quotidien (adj)	일간의	il-ga-nui
tous les jours	매일	mae-il
semaine (f)	주	ju
la semaine dernière	지난 주에	ji-nan ju-e
la semaine prochaine	다음 주에	da-eum ju-e
hebdomadaire (adj)	주간의	ju-ga-nui
chaque semaine	매주	mae-ju
2 fois par semaine	일주일에 두번	il-ju-i-re du-beon
tous les mardis	매주 화요일	mae-ju hwa-yo-il

20. Les heures. Le jour et la nuit

matin (m)	아침	a-chim
le matin	아침에	a-chim-e
midi (m)	정오	jeong-o
dans l'après-midi	오후에	o-hu-e
soir (m)	저녁	jeo-nyeok
le soir	저녁에	jeo-nyeo-ge

nuit (f)	밤	bam
la nuit	밤에	bam-e
minuit (f)	자정	ja-jeong
seconde (f)	초	cho
minute (f)	분	bun
heure (f)	시	si
demi-heure (f)	반시간	ban-si-gan
un quart d'heure	십오분	si-bo-bun
quinze minutes	십오분	si-bo-bun
vingt-quatre heures	이십사시간	i-sip-sa-si-gan
lever (m) du soleil	일출	il-chul
aube (f)	새벽	sae-byeok
point (m) du jour	이른 아침	i-reun a-chim
coucher (m) du soleil	저녁 노을	jeo-nyeok no-eul
tôt le matin	이른 아침에	i-reun a-chim-e
ce matin	오늘 아침에	o-neul ra-chim-e
demain matin	내일 아침에	nae-il ra-chim-e
cet après-midi	오늘 오후에	o-neul ro-hu-e
dans l'après-midi	오후에	o-hu-e
demain après-midi	내일 오후에	nae-il ro-hu-e
ce soir	오늘 저녁에	o-neul jeo-nyeo-ge
demain soir	내일 밤에	nae-il bam-e
à 3 heures précises	3시 정각에	se-si jeong-ga-ge
autour de 4 heures	4시쯤에	ne-si-jjeu-me
vers midi	12시까지	yeoldu si-kka-ji
dans 20 minutes	20분 안에	isib-bun na-ne
dans une heure	한 시간 안에	han si-gan na-ne
à temps	제시간에	je-si-gan-e
... moins le quart	... 십오 분	... si-bo bun
en une heure	한 시간 내에	han si-gan nae-e
tous les quarts d'heure	15분 마다	sibo-bun ma-da
24 heures sur 24	하루종일	ha-ru-jong-il

21. Les mois. Les saisons

janvier (m)	일월	i-rwol
février (m)	이월	i-wol
mars (m)	삼월	sam-wol
avril (m)	사월	sa-wol
mai (m)	오월	o-wol
juin (m)	유월	yu-wol
juillet (m)	칠월	chi-rwol
août (m)	팔월	pa-rwol
septembre (m)	구월	gu-wol
octobre (m)	시월	si-wol

novembre (m)	십일월	si-bi-rwol
décembre (m)	십이월	si-bi-wol
printemps (m)	봄	bom
au printemps	봄에	bom-e
de printemps (adj)	봄의	bom-ui
été (m)	여름	yeo-reum
en été	여름에	yeo-reum-e
d'été (adj)	여름의	yeo-reu-mui
automne (m)	가을	ga-eul
en automne	가을에	ga-eu-re
d'automne (adj)	가을의	ga-eu-rui
hiver (m)	겨울	gyeo-ul
en hiver	겨울에	gyeo-u-re
d'hiver (adj)	겨울의	gyeo-ul
mois (m)	월, 달	wol, dal
ce mois	이번 달에	i-beon da-re
le mois prochain	다음 달에	da-eum da-re
le mois dernier	지난 달에	ji-nan da-re
il y a un mois	한달 전에	han-dal jeon-e
dans un mois	한 달 안에	han dal ra-ne
dans 2 mois	두 달 안에	du dal ra-ne
tout le mois	한 달 내내	han dal lae-nae
tout un mois	한달간 내내	han-dal-gan nae-nae
mensuel (adj)	월간의	wol-ga-nui
mensuellement	매월, 매달	mae-wol, mae-dal
chaque mois	매달	mae-dal
2 fois par mois	한 달에 두 번	han da-re du beon
année (f)	년	nyeon
cette année	올해	ol-hae
l'année prochaine	내년	nae-nyeon
l'année dernière	작년	jang-nyeon
il y a un an	일년 전	il-lyeon jeon
dans un an	일 년 안에	il lyeon na-ne
dans 2 ans	이 년 안에	i nyeon na-ne
toute l'année	한 해 전체	han hae jeon-che
toute une année	일년 내내	il-lyeon nae-nae
chaque année	매년	mae-nyeon
annuel (adj)	연간의	yeon-ga-nui
annuellement	매년	mae-nyeon
4 fois par an	일년에 네 번	il-lyeon-e ne beon
date (f) (jour du mois)	날짜	nal-jja
date (f) (~ mémorable)	월일	wo-ril
calendrier (m)	달력	dal-lyeok
six mois	반년	ban-nyeon
semestre (m)	육개월	yuk-gae-wol

saison (f)	계절	gye-jeol
siècle (m)	세기	se-gi

22. Les unités de mesure

poids (m)	무게	mu-ge
longueur (f)	길이	gi-ri
largeur (f)	폭, 너비	pok, neo-bi
hauteur (f)	높이	no-pi
profondeur (f)	깊이	gi-pi
volume (m)	부피	bu-pi
aire (f)	면적	myeon-jeok
gramme (m)	그램	geu-raem
milligramme (m)	밀리그램	mil-li-geu-raem
kilogramme (m)	킬로그램	kil-lo-geu-raem
tonne (f)	톤	ton
livre (f)	파운드	pa-un-deu
once (f)	온스	on-seu
mètre (m)	미터	mi-teo
millimètre (m)	밀리미터	mil-li-mi-teo
centimètre (m)	센티미터	sen-ti-mi-teo
kilomètre (m)	킬로미터	kil-lo-mi-teo
mille (m)	마일	ma-il
pouce (m)	인치	in-chi
pied (m)	피트	pi-teu
yard (m)	야드	ya-deu
mètre (m) carré	제곱미터	je-gom-mi-teo
hectare (m)	헥타르	hek-ta-reu
litre (m)	리터	ri-teo
degré (m)	도	do
volt (m)	볼트	bol-teu
ampère (m)	암페어	am-pe-eo
cheval-vapeur (m)	마력	ma-ryeok
quantité (f)	수량, 양	su-ryang, yang
un peu de …	… 조금	… jo-geum
moitié (f)	절반	jeol-ban
douzaine (f)	다스	da-seu
pièce (f)	조각	jo-gak
dimension (f)	크기	keu-gi
échelle (f) (de la carte)	축척	chuk-cheok
minimal (adj)	최소의	choe-so-ui
le plus petit (adj)	가장 작은	ga-jang ja-geun
moyen (adj)	중간의	jung-gan-ui
maximal (adj)	최대의	choe-dae-ui
le plus grand (adj)	가장 큰	ga-jang keun

23. Les récipients

bocal (m) en verre	유리병	yu-ri-byeong
boîte, canette (f)	캔, 깡통	kaen, kkang-tong
seau (m)	양동이	yang-dong-i
tonneau (m)	통	tong
bassine, cuvette (f)	대야	dae-ya
cuve (f)	탱크	taeng-keu
flasque (f)	휴대용 술병	hyu-dae-yong sul-byeong
jerrican (m)	통	tong
citerne (f)	탱크	taeng-keu
tasse (f), mug (m)	머그컵	meo-geu-keop
tasse (f)	컵	keop
soucoupe (f)	받침 접시	bat-chim jeop-si
verre (m) (~ d'eau)	유리잔	yu-ri-jan
verre (m) à vin	와인글라스	wa-in-geul-la-seu
faitout (m)	냄비	naem-bi
bouteille (f)	병	byeong
goulot (m)	병목	byeong-mok
carafe (f)	디캔터	di-kaen-teo
pichet (m)	물병	mul-byeong
récipient (m)	용기	yong-gi
pot (m)	항아리	hang-a-ri
vase (m)	화병	hwa-byeong
flacon (m)	향수병	hyang-su-byeong
fiole (f)	약병	yak-byeong
tube (m)	튜브	tyu-beu
sac (m) (grand ~)	자루	ja-ru
sac (m) (~ en plastique)	봉투	bong-tu
paquet (m) (~ de cigarettes)	갑	gap
boîte (f)	박스	bak-seu
caisse (f)	상자	sang-ja
panier (m)	바구니	ba-gu-ni

L'HOMME

L'homme. Le corps humain

24. La tête

tête (f)	머리	meo-ri
visage (m)	얼굴	eol-gul
nez (m)	코	ko
bouche (f)	입	ip
œil (m)	눈	nun
les yeux	눈	nun
pupille (f)	눈동자	nun-dong-ja
sourcil (m)	눈썹	nun-sseop
cil (m)	속눈썹	song-nun-sseop
paupière (f)	눈꺼풀	nun-kkeo-pul
langue (f)	혀	hyeo
dent (f)	이	i
lèvres (f pl)	입술	ip-sul
pommettes (f pl)	광대뼈	gwang-dae-ppyeo
gencive (f)	잇몸	in-mom
palais (m)	입천장	ip-cheon-jang
narines (f pl)	콧구멍	kot-gu-meong
menton (m)	턱	teok
mâchoire (f)	턱	teok
joue (f)	뺨, 볼	ppyam, bol
front (m)	이마	i-ma
tempe (f)	관자놀이	gwan-ja-no-ri
oreille (f)	귀	gwi
nuque (f)	뒤통수	dwi-tong-su
cou (m)	목	mok
gorge (f)	목구멍	mok-gu-meong
cheveux (m pl)	머리털, 헤어	meo-ri-teol, he-eo
coiffure (f)	머리 스타일	meo-ri seu-ta-il
coupe (f)	헤어컷	he-eo-keot
perruque (f)	가발	ga-bal
moustache (f)	콧수염	kot-su-yeom
barbe (f)	턱수염	teok-su-yeom
porter (~ la barbe)	기르다	gi-reu-da
tresse (f)	땋은 머리	tta-eun meo-ri
favoris (m pl)	구레나룻	gu-re-na-rut
roux (adj)	빨강머리의	ppal-gang-meo-ri-ui
gris, grisonnant (adj)	흰머리의	huin-meo-ri-ui

chauve (adj)	대머리인	dae-meo-ri-in
calvitie (f)	땜통	ttaem-tong
queue (f) de cheval	말총머리	mal-chong-meo-ri
frange (f)	앞머리	am-meo-ri

25. Le corps humain

main (f)	손	son
bras (m)	팔	pal
doigt (m)	손가락	son-ga-rak
pouce (m)	엄지손가락	eom-ji-son-ga-rak
petit doigt (m)	새끼손가락	sae-kki-son-ga-rak
ongle (m)	손톱	son-top
poing (m)	주먹	ju-meok
paume (f)	손바닥	son-ba-dak
poignet (m)	손목	son-mok
avant-bras (m)	전박	jeon-bak
coude (m)	팔꿈치	pal-kkum-chi
épaule (f)	어깨	eo-kkae
jambe (f)	다리	da-ri
pied (m)	발	bal
genou (m)	무릎	mu-reup
mollet (m)	종아리	jong-a-ri
hanche (f)	엉덩이	eong-deong-i
talon (m)	발뒤꿈치	bal-dwi-kkum-chi
corps (m)	몸	mom
ventre (m)	배	bae
poitrine (f)	가슴	ga-seum
sein (m)	가슴	ga-seum
côté (m)	옆구리	yeop-gu-ri
dos (m)	등	deung
reins (région lombaire)	허리	heo-ri
taille (f) (~ de guêpe)	허리	heo-ri
nombril (m)	배꼽	bae-kkop
fesses (f pl)	엉덩이	eong-deong-i
derrière (m)	엉덩이	eong-deong-i
grain (m) de beauté	점	jeom
tache (f) de vin	모반	mo-ban
tatouage (m)	문신	mun-sin
cicatrice (f)	흉터	hyung-teo

Les vêtements & les accessoires

26. Les vêtements d'extérieur

vêtement (m)	옷	ot
survêtement (m)	겉옷	geo-tot
vêtement (m) d'hiver	겨울옷	gyeo-u-rot
manteau (m)	코트	ko-teu
manteau (m) de fourrure	모피 외투	mo-pi oe-tu
veste (f) de fourrure	짧은 모피 외투	jjal-beun mo-pi oe-tu
manteau (m) de duvet	패딩점퍼	pae-ding-jeom-peo
veste (f) (~ en cuir)	재킷	jae-kit
imperméable (m)	트렌치코트	teu-ren-chi-ko-teu
imperméable (adj)	방수의	bang-su-ui

27. Men's & women's clothing

chemise (f)	셔츠	syeo-cheu
pantalon (m)	바지	ba-ji
jean (m)	청바지	cheong-ba-ji
veston (m)	재킷	jae-kit
complet (m)	양복	yang-bok
robe (f)	드레스	deu-re-seu
jupe (f)	치마	chi-ma
chemisette (f)	블라우스	beul-la-u-seu
veste (f) en laine	니트 재킷	ni-teu jae-kit
jaquette (f), blazer (m)	재킷	jae-kit
tee-shirt (m)	티셔츠	ti-syeo-cheu
short (m)	반바지	ban-ba-ji
costume (m) de sport	운동복	un-dong-bok
peignoir (m) de bain	목욕가운	mo-gyok-ga-un
pyjama (m)	파자마	pa-ja-ma
chandail (m)	스웨터	seu-we-teo
pull-over (m)	풀오버	pu-ro-beo
gilet (m)	조끼	jo-kki
queue-de-pie (f)	연미복	yeon-mi-bok
smoking (m)	턱시도	teok-si-do
uniforme (m)	제복	je-bok
tenue (f) de travail	작업복	ja-geop-bok
salopette (f)	작업바지	ja-geop-ba-ji
blouse (f) (d'un médecin)	가운	ga-un

28. Les sous-vêtements

sous-vêtements (m pl)	속옷	so-got
maillot (m) de corps	러닝 셔츠	reo-ning syeo-cheu
chaussettes (f pl)	양말	yang-mal
chemise (f) de nuit	잠옷	jam-ot
soutien-gorge (m)	브라	beu-ra
chaussettes (f pl) hautes	무릎길이 스타킹	mu-reup-gi-ri seu-ta-king
collants (m pl)	팬티 스타킹	paen-ti seu-ta-king
bas (m pl)	밴드 스타킹	baen-deu seu-ta-king
maillot (m) de bain	수영복	su-yeong-bok

29. Les chapeaux

chapeau (m)	모자	mo-ja
chapeau (m) feutre	중절모	jung-jeol-mo
casquette (f) de base-ball	야구 모자	ya-gu mo-ja
casquette (f)	플랫캡	peul-laet-kaep
béret (m)	베레모	be-re-mo
capuche (f)	후드	hu-deu
panama (m)	파나마 모자	pa-na-ma mo-ja
bonnet (m) de laine	니트 모자	ni-teu mo-ja
foulard (m)	스카프	seu-ka-peu
chapeau (m) de femme	여성용 모자	yeo-seong-yong mo-ja
casque (m) (d'ouvriers)	안전모	an-jeon-mo
calot (m)	개리슨 캡	gae-ri-seun kaep
casque (m) (~ de moto)	헬멧	hel-met

30. Les chaussures

chaussures (f pl)	신발	sin-bal
bottines (f pl)	구두	gu-du
souliers (m pl) (~ plats)	구두	gu-du
bottes (f pl)	부츠	bu-cheu
chaussons (m pl)	슬리퍼	seul-li-peo
tennis (m pl)	운동화	un-dong-hwa
baskets (f pl)	스니커즈	seu-ni-keo-jeu
sandales (f pl)	샌들	saen-deul
cordonnier (m)	구둣방	gu-dut-bang
talon (m)	굽	gup
paire (f)	켤레	kyeol-le
lacet (m)	끈	kkeun
lacer (vt)	끈을 매다	kkeu-neul mae-da

| chausse-pied (m) | 구둣주걱 | gu-dut-ju-geok |
| cirage (m) | 구두약 | gu-du-yak |

31. Les accessoires personnels

gants (m pl)	장갑	jang-gap
moufles (f pl)	벙어리장갑	beong-eo-ri-jang-gap
écharpe (f)	목도리	mok-do-ri

lunettes (f pl)	안경	an-gyeong
monture (f)	안경테	an-gyeong-te
parapluie (m)	우산	u-san
canne (f)	지팡이	ji-pang-i
brosse (f) à cheveux	빗, 솔빗	bit, sol-bit
éventail (m)	부채	bu-chae

cravate (f)	넥타이	nek-ta-i
nœud papillon (m)	나비넥타이	na-bi-nek-ta-i
bretelles (f pl)	멜빵	mel-ppang
mouchoir (m)	손수건	son-su-geon

peigne (m)	빗	bit
barrette (f)	머리핀	meo-ri-pin
épingle (f) à cheveux	머리핀	meo-ri-pin
boucle (f)	버클	beo-keul

| ceinture (f) | 벨트 | bel-teu |
| bandoulière (f) | 어깨끈 | eo-kkae-kkeun |

sac (m)	가방	ga-bang
sac (m) à main	핸드백	haen-deu-baek
sac (m) à dos	배낭	bae-nang

32. Les vêtements. Divers

mode (f)	패션	pae-syeon
à la mode (adj)	유행하는	yu-haeng-ha-neun
couturier, créateur de mode	패션 디자이너	pae-syeon di-ja-i-neo

col (m)	옷깃	ot-git
poche (f)	주머니, 포켓	ju-meo-ni, po-ket
de poche (adj)	주머니의	ju-meo-ni-ui
manche (f)	소매	so-mae
bride (f)	거는 끈	geo-neun kkeun
braguette (f)	바지 지퍼	ba-ji ji-peo

fermeture (f) à glissière	지퍼	ji-peo
agrafe (f)	조임쇠	jo-im-soe
bouton (m)	단추	dan-chu
boutonnière (f)	단춧 구멍	dan-chut gu-meong
s'arracher (bouton)	떨어지다	tteo-reo-ji-da
coudre (vi, vt)	바느질하다	ba-neu-jil-ha-da

broder (vt)	수놓다	su-no-ta
broderie (f)	자수	ja-su
aiguille (f)	바늘	ba-neul
fil (m)	실	sil
couture (f)	솔기	sol-gi
se salir (vp)	더러워지다	deo-reo-wo-ji-da
tache (f)	얼룩	eol-luk
se froisser (vp)	구겨지다	gu-gyeo-ji-da
déchirer (vt)	찢다	jjit-da
mite (f)	좀	jom

33. L'hygiène corporelle. Les cosmétiques

dentifrice (m)	치약	chi-yak
brosse (f) à dents	칫솔	chit-sol
se brosser les dents	이를 닦다	i-reul dak-da
rasoir (m)	면도기	myeon-do-gi
crème (f) à raser	면도용 크림	myeon-do-yong keu-rim
se raser (vp)	깎다	kkak-da
savon (m)	비누	bi-nu
shampooing (m)	샴푸	syam-pu
ciseaux (m pl)	가위	ga-wi
lime (f) à ongles	손톱줄	son-top-jul
pinces (f pl) à ongles	손톱깎이	son-top-kka-kki
pince (f) à épiler	족집게	jok-jip-ge
produits (m pl) de beauté	화장품	hwa-jang-pum
masque (m) de beauté	얼굴 마스크	eol-gul ma-seu-keu
manucure (f)	매니큐어	mae-ni-kyu-eo
se faire les ongles	매니큐어를 칠하다	mae-ni-kyu-eo-reul chil-ha-da
pédicurie (f)	페디큐어	pe-di-kyu-eo
trousse (f) de toilette	화장품 가방	hwa-jang-pum ga-bang
poudre (f)	분	bun
poudrier (m)	콤팩트	kom-paek-teu
fard (m) à joues	블러셔	beul-leo-syeo
parfum (m)	향수	hyang-su
eau (f) de toilette	화장수	hwa-jang-su
lotion (f)	로션	ro-syeon
eau de Cologne (f)	오드콜로뉴	o-deu-kol-lo-nyu
fard (m) à paupières	아이섀도	a-i-syae-do
crayon (m) à paupières	아이라이너	a-i-ra-i-neo
mascara (m)	마스카라	ma-seu-ka-ra
rouge (m) à lèvres	립스틱	rip-seu-tik
vernis (m) à ongles	매니큐어	mae-ni-kyu-eo
laque (f) pour les cheveux	헤어 스프레이	he-eo seu-peu-re-i
déodorant (m)	데오도란트	de-o-do-ran-teu

crème (f)	크림	keu-rim
crème (f) pour le visage	얼굴 크림	eol-gul keu-rim
crème (f) pour les mains	핸드 크림	haen-deu keu-rim
crème (f) anti-rides	주름제거 크림	ju-reum-je-geo keu-rim
de jour (adj)	낮의	na-jui
de nuit (adj)	밤의	ba-mui
tampon (m)	탐폰	tam-pon
papier (m) de toilette	화장지	hwa-jang-ji
sèche-cheveux (m)	헤어 드라이어	he-eo deu-ra-i-eo

34. Les montres. Les horloges

montre (f)	손목 시계	son-mok si-gye
cadran (m)	문자반	mun-ja-ban
aiguille (f)	바늘	ba-neul
bracelet (m)	금속제 시계줄	geum-sok-je si-gye-jul
bracelet (m) (en cuir)	시계줄	si-gye-jul
pile (f)	건전지	geon-jeon-ji
être déchargé	나가다	na-ga-da
changer de pile	배터리를 갈다	bae-teo-ri-reul gal-da
avancer (vi)	빨리 가다	ppal-li ga-da
retarder (vi)	늦게 가다	neut-ge ga-da
pendule (f)	벽시계	byeok-si-gye
sablier (m)	모래시계	mo-rae-si-gye
cadran (m) solaire	해시계	hae-si-gye
réveil (m)	알람 시계	al-lam si-gye
horloger (m)	시계 기술자	si-gye gi-sul-ja
réparer (vt)	수리하다	su-ri-ha-da

Les aliments. L'alimentation

35. Les aliments

viande (f)	고기	go-gi
poulet (m)	닭고기	dak-go-gi
poulet (m) (poussin)	영계	yeong-gye
canard (m)	오리고기	o-ri-go-gi
oie (f)	거위고기	geo-wi-go-gi
gibier (m)	사냥감	sa-nyang-gam
dinde (f)	칠면조고기	chil-myeon-jo-go-gi
du porc	돼지고기	dwae-ji-go-gi
du veau	송아지 고기	song-a-ji go-gi
du mouton	양고기	yang-go-gi
du bœuf	소고기	so-go-gi
lapin (m)	토끼고기	to-kki-go-gi
saucisson (m)	소시지	so-si-ji
saucisse (f)	비엔나 소시지	bi-en-na so-si-ji
bacon (m)	베이컨	be-i-keon
jambon (m)	햄	haem
cuisse (f)	개먼	gae-meon
pâté (m)	파테	pa-te
foie (m)	간	gan
farce (f)	다진 고기	da-jin go-gi
langue (f)	혀	hyeo
œuf (m)	계란	gye-ran
les œufs	계란	gye-ran
blanc (m) d'œuf	흰자	huin-ja
jaune (m) d'œuf	노른자	no-reun-ja
poisson (m)	생선	saeng-seon
fruits (m pl) de mer	해물	hae-mul
caviar (m)	캐비어	kae-bi-eo
crabe (m)	게	ge
crevette (f)	새우	sae-u
huître (f)	굴	gul
langoustine (f)	대하	dae-ha
poulpe (m)	문어	mun-eo
calamar (m)	오징어	o-jing-eo
esturgeon (m)	철갑상어	cheol-gap-sang-eo
saumon (m)	연어	yeon-eo
flétan (m)	넙치	neop-chi
morue (f)	대구	dae-gu
maquereau (m)	고등어	go-deung-eo

thon (m)	참치	cham-chi
anguille (f)	뱀장어	baem-jang-eo
truite (f)	송어	song-eo
sardine (f)	정어리	jeong-eo-ri
brochet (m)	강꼬치고기	gang-kko-chi-go-gi
hareng (m)	청어	cheong-eo
pain (m)	빵	ppang
fromage (m)	치즈	chi-jeu
sucre (m)	설탕	seol-tang
sel (m)	소금	so-geum
riz (m)	쌀	ssal
pâtes (m pl)	파스타	pa-seu-ta
nouilles (f pl)	면	myeon
beurre (m)	버터	beo-teo
huile (f) végétale	식물유	sing-mu-ryu
huile (f) de tournesol	해바라기유	hae-ba-ra-gi-yu
margarine (f)	마가린	ma-ga-rin
olives (f pl)	올리브	ol-li-beu
huile (f) d'olive	올리브유	ol-li-beu-yu
lait (m)	우유	u-yu
lait (m) condensé	연유	yeo-nyu
yogourt (m)	요구르트	yo-gu-reu-teu
crème (f) aigre	사워크림	sa-wo-keu-rim
crème (f) (de lait)	크림	keu-rim
sauce (f) mayonnaise	마요네즈	ma-yo-ne-jeu
crème (f) au beurre	버터크림	beo-teo-keu-rim
gruau (m)	곡물	gong-mul
farine (f)	밀가루	mil-ga-ru
conserves (f pl)	통조림	tong-jo-rim
pétales (m pl) de maïs	콘플레이크	kon-peul-le-i-keu
miel (m)	꿀	kkul
confiture (f)	잼	jaem
gomme (f) à mâcher	껌	kkeom

36. Les boissons

eau (f)	물	mul
eau (f) potable	음료수	eum-nyo-su
eau (f) minérale	미네랄 워터	mi-ne-ral rwo-teo
plate (adj)	탄산 없는	tan-san neom-neun
gazeuse (l'eau ~)	탄산의	tan-sa-nui
pétillante (adj)	탄산이 든	tan-san-i deun
glace (f)	얼음	eo-reum
avec de la glace	얼음을 넣은	eo-reu-meul leo-eun

sans alcool	무알코올의	mu-al-ko-o-rui
boisson (f) non alcoolisée	청량음료	cheong-nyang-eum-nyo
rafraîchissement (m)	청량 음료	cheong-nyang eum-nyo
limonade (f)	레모네이드	re-mo-ne-i-deu
boissons (f pl) alcoolisées	술	sul
vin (m)	와인	wa-in
vin (m) blanc	백 포도주	baek po-do-ju
vin (m) rouge	레드 와인	re-deu wa-in
liqueur (f)	리큐르	ri-kyu-reu
champagne (m)	샴페인	syam-pe-in
vermouth (m)	베르무트	be-reu-mu-teu
whisky (m)	위스키	wi-seu-ki
vodka (f)	보드카	bo-deu-ka
gin (m)	진	jin
cognac (m)	코냑	ko-nyak
rhum (m)	럼	reom
café (m)	커피	keo-pi
café (m) noir	블랙 커피	beul-laek keo-pi
café (m) au lait	밀크 커피	mil-keu keo-pi
cappuccino (m)	카푸치노	ka-pu-chi-no
café (m) soluble	인스턴트 커피	in-seu-teon-teu keo-pi
lait (m)	우유	u-yu
cocktail (m)	칵테일	kak-te-il
cocktail (m) au lait	밀크 셰이크	mil-keu sye-i-keu
jus (m)	주스	ju-seu
jus (m) de tomate	토마토 주스	to-ma-to ju-seu
jus (m) d'orange	오렌지 주스	o-ren-ji ju-seu
jus (m) pressé	생과일주스	saeng-gwa-il-ju-seu
bière (f)	맥주	maek-ju
bière (f) blonde	라거	ra-geo
bière (f) brune	흑맥주	heung-maek-ju
thé (m)	차	cha
thé (m) noir	홍차	hong-cha
thé (m) vert	녹차	nok-cha

37. Les légumes

légumes (m pl)	채소	chae-so
verdure (f)	녹황색 채소	nok-wang-saek chae-so
tomate (f)	토마토	to-ma-to
concombre (m)	오이	o-i
carotte (f)	당근	dang-geun
pomme (f) de terre	감자	gam-ja
oignon (m)	양파	yang-pa
ail (m)	마늘	ma-neul

chou (m)	양배추	yang-bae-chu
chou-fleur (m)	컬리플라워	keol-li-peul-la-wo
chou (m) de Bruxelles	방울다다기 양배추	bang-ul-da-da-gi yang-bae-chu
brocoli (m)	브로콜리	beu-ro-kol-li
betterave (f)	비트	bi-teu
aubergine (f)	가지	ga-ji
courgette (f)	애호박	ae-ho-bak
potiron (m)	호박	ho-bak
navet (m)	순무	sun-mu
persil (m)	파슬리	pa-seul-li
fenouil (m)	딜	dil
laitue (f) (salade)	양상추	yang-sang-chu
céleri (m)	셀러리	sel-leo-ri
asperge (f)	아스파라거스	a-seu-pa-ra-geo-seu
épinard (m)	시금치	si-geum-chi
pois (m)	완두	wan-du
fèves (f pl)	콩	kong
maïs (m)	옥수수	ok-su-su
haricot (m)	강낭콩	gang-nang-kong
poivron (m)	피망	pi-mang
radis (m)	무	mu
artichaut (m)	아티초크	a-ti-cho-keu

38. Les fruits. Les noix

fruit (m)	과일	gwa-il
pomme (f)	사과	sa-gwa
poire (f)	배	bae
citron (m)	레몬	re-mon
orange (f)	오렌지	o-ren-ji
fraise (f)	딸기	ttal-gi
mandarine (f)	귤	gyul
prune (f)	자두	ja-du
pêche (f)	복숭아	bok-sung-a
abricot (m)	살구	sal-gu
framboise (f)	라즈베리	ra-jeu-be-ri
ananas (m)	파인애플	pa-in-ae-peul
banane (f)	바나나	ba-na-na
pastèque (f)	수박	su-bak
raisin (m)	포도	po-do
cerise (f)	신양	si-nyang
merise (f)	양벚나무	yang-beon-na-mu
melon (m)	멜론	mel-lon
pamplemousse (m)	자몽	ja-mong
avocat (m)	아보카도	a-bo-ka-do
papaye (f)	파파야	pa-pa-ya

mangue (f)	망고	mang-go
grenade (f)	석류	seong-nyu
groseille (f) rouge	레드커렌트	re-deu-keo-ren-teu
cassis (m)	블랙커렌트	beul-laek-keo-ren-teu
groseille (f) verte	구스베리	gu-seu-be-ri
myrtille (f)	빌베리	bil-be-ri
mûre (f)	블랙베리	beul-laek-be-ri
raisin (m) sec	건포도	geon-po-do
figue (f)	무화과	mu-hwa-gwa
datte (f)	대추야자	dae-chu-ya-ja
cacahuète (f)	땅콩	ttang-kong
amande (f)	아몬드	a-mon-deu
noix (f)	호두	ho-du
noisette (f)	개암	gae-am
noix (f) de coco	코코넛	ko-ko-neot
pistaches (f pl)	피스타치오	pi-seu-ta-chi-o

39. Le pain. Les confiseries

confiserie (f)	과자류	gwa-ja-ryu
pain (m)	빵	ppang
biscuit (m)	쿠키	ku-ki
chocolat (m)	초콜릿	cho-kol-lit
en chocolat (adj)	초콜릿의	cho-kol-lis-ui
bonbon (m)	사탕	sa-tang
gâteau (m), pâtisserie (f)	케이크	ke-i-keu
tarte (f)	케이크	ke-i-keu
gâteau (m)	파이	pa-i
garniture (f)	속	sok
confiture (f)	잼	jaem
marmelade (f)	마멀레이드	ma-meol-le-i-deu
gaufre (f)	와플	wa-peul
glace (f)	아이스크림	a-i-seu-keu-rim

40. Les plats cuisinés

plat (m)	요리, 코스	yo-ri, ko-seu
cuisine (f)	요리	yo-ri
recette (f)	요리법	yo-ri-beop
portion (f)	분량	bul-lyang
salade (f)	샐러드	sael-leo-deu
soupe (f)	수프	su-peu
bouillon (m)	육수	yuk-su
sandwich (m)	샌드위치	saen-deu-wi-chi

les œufs brouillés	계란후라이	gye-ran-hu-ra-i
hamburger (m)	햄버거	haem-beo-geo
steak (m)	비프스테이크	bi-peu-seu-te-i-keu
garniture (f)	사이드 메뉴	sa-i-deu me-nyu
spaghettis (m pl)	스파게티	seu-pa-ge-ti
purée (f)	으깬 감자	eu-kkaen gam-ja
pizza (f)	피자	pi-ja
bouillie (f)	죽	juk
omelette (f)	오믈렛	o-meul-let
cuit à l'eau (adj)	삶은	sal-meun
fumé (adj)	훈제된	hun-je-doen
frit (adj)	튀긴	twi-gin
sec (adj)	말린	mal-lin
congelé (adj)	얼린	eol-lin
mariné (adj)	초절인	cho-jeo-rin
sucré (adj)	단	dan
salé (adj)	짠	jjan
froid (adj)	차가운	cha-ga-un
chaud (adj)	뜨거운	tteu-geo-un
amer (adj)	쓴	sseun
bon (savoureux)	맛있는	man-nin-neun
cuire à l'eau	삶다	sam-da
préparer (le dîner)	요리하다	yo-ri-ha-da
faire frire	부치다	bu-chi-da
réchauffer (vt)	데우다	de-u-da
saler (vt)	소금을 넣다	so-geu-meul leo-ta
poivrer (vt)	후추를 넣다	hu-chu-reul leo-ta
râper (vt)	강판에 갈다	gang-pa-ne gal-da
peau (f)	껍질	kkeop-jil
éplucher (vt)	껍질 벗기다	kkeop-jil beot-gi-da

41. Les épices

sel (m)	소금	so-geum
salé (adj)	짜	jja
saler (vt)	소금을 넣다	so-geu-meul leo-ta
poivre (m) noir	후추	hu-chu
poivre (m) rouge	고춧가루	go-chut-ga-ru
moutarde (f)	겨자	gyeo-ja
raifort (m)	고추냉이	go-chu-naeng-i
condiment (m)	양념	yang-nyeom
épice (f)	향료	hyang-nyo
sauce (f)	소스	so-seu
vinaigre (m)	식초	sik-cho
anis (m)	아니스	a-ni-seu
basilic (m)	바질	ba-jil

clou (m) de girofle	정향	jeong-hyang
gingembre (m)	생강	saeng-gang
coriandre (m)	고수	go-su
cannelle (f)	계피	gye-pi
sésame (m)	깨	kkae
feuille (f) de laurier	월계수잎	wol-gye-su-ip
paprika (m)	파프리카	pa-peu-ri-ka
cumin (m)	캐러웨이	kae-reo-we-i
safran (m)	사프란	sa-peu-ran

42. Les repas

nourriture (f)	음식	eum-sik
manger (vi, vt)	먹다	meok-da
petit déjeuner (m)	아침식사	a-chim-sik-sa
prendre le petit déjeuner	아침을 먹다	a-chi-meul meok-da
déjeuner (m)	점심식사	jeom-sim-sik-sa
déjeuner (vi)	점심을 먹다	jeom-si-meul meok-da
dîner (m)	저녁식사	jeo-nyeok-sik-sa
dîner (vi)	저녁을 먹다	jeo-nyeo-geul meok-da
appétit (m)	식욕	si-gyok
Bon appétit!	맛있게 드십시오!	man-nit-ge deu-sip-si-o!
ouvrir (vt)	열다	yeol-da
renverser (liquide)	엎지르다	eop-ji-reu-da
se renverser (liquide)	쏟아지다	sso-da-ji-da
bouillir (vi)	끓다	kkeul-ta
faire bouillir	끓이다	kkeu-ri-da
bouilli (l'eau ~e)	끓인	kkeu-rin
refroidir (vt)	식히다	sik-i-da
se refroidir (vp)	식다	sik-da
goût (m)	맛	mat
arrière-goût (m)	뒷 맛	dwit mat
suivre un régime	살을 빼다	sa-reul ppae-da
régime (m)	다이어트	da-i-eo-teu
vitamine (f)	비타민	bi-ta-min
calorie (f)	칼로리	kal-lo-ri
végétarien (m)	채식주의자	chae-sik-ju-ui-ja
végétarien (adj)	채식주의의	chae-sik-ju-ui-ui
lipides (m pl)	지방	ji-bang
protéines (f pl)	단백질	dan-baek-jil
glucides (m pl)	탄수화물	tan-su-hwa-mul
tranche (f)	조각	jo-gak
morceau (m)	조각	jo-gak
miette (f)	부스러기	bu-seu-reo-gi

43. Le dressage de la table

cuillère (f)	숟가락	sut-ga-rak
couteau (m)	나이프	na-i-peu
fourchette (f)	포크	po-keu
tasse (f)	컵	keop
assiette (f)	접시	jeop-si
soucoupe (f)	받침 접시	bat-chim jeop-si
serviette (f)	냅킨	naep-kin
cure-dent (m)	이쑤시개	i-ssu-si-gae

44. Le restaurant

restaurant (m)	레스토랑	re-seu-to-rang
salon (m) de café	커피숍	keo-pi-syop
bar (m)	바	ba
salon (m) de thé	카페, 티룸	ka-pe, ti-rum
serveur (m)	웨이터	we-i-teo
serveuse (f)	웨이트리스	we-i-teu-ri-seu
barman (m)	바텐더	ba-ten-deo
carte (f)	메뉴판	me-nyu-pan
carte (f) des vins	와인 메뉴	wa-in me-nyu
réserver une table	테이블 예약을 하다	te-i-beul rye-ya-geul ha-da
plat (m)	요리, 코스	yo-ri, ko-seu
commander (vt)	주문하다	ju-mun-ha-da
faire la commande	주문을 하다	ju-mu-neul ha-da
apéritif (m)	아페리티프	a-pe-ri-ti-peu
hors-d'œuvre (m)	애피타이저	ae-pi-ta-i-jeo
dessert (m)	디저트	di-jeo-teu
addition (f)	계산서	gye-san-seo
régler l'addition	계산하다	gye-san-ha-da
rendre la monnaie	거스름돈을 주다	geo-seu-reum-do-neul ju-da
pourboire (m)	팁	tip

La famille. Les parents. Les amis

45. Les données personnelles. Les formulaires

prénom (m)	이름	i-reum
nom (m) de famille	성	seong
date (f) de naissance	생년월일	saeng-nyeon-wo-ril
lieu (m) de naissance	탄생지	tan-saeng-ji
nationalité (f)	국적	guk-jeok
domicile (m)	거소	geo-so
pays (m)	나라	na-ra
profession (f)	직업	ji-geop
sexe (m)	성별	seong-byeol
taille (f)	키	ki
poids (m)	몸무게	mom-mu-ge

46. La famille. Les liens de parenté

mère (f)	어머니	eo-meo-ni
père (m)	아버지	a-beo-ji
fils (m)	아들	a-deul
fille (f)	딸	ttal
fille (f) cadette	작은딸	ja-geun-ttal
fils (m) cadet	작은아들	ja-geun-a-deul
fille (f) aînée	맏딸	mat-ttal
fils (m) aîné	맏아들	ma-da-deul
frère (m)	형제	hyeong-je
sœur (f)	자매	ja-mae
cousin (m)	사촌 형제	sa-chon hyeong-je
cousine (f)	사촌 자매	sa-chon ja-mae
maman (f)	엄마	eom-ma
papa (m)	아빠	a-ppa
parents (m pl)	부모	bu-mo
enfant (m, f)	아이, 아동	a-i, a-dong
enfants (pl)	아이들	a-i-deul
grand-mère (f)	할머니	hal-meo-ni
grand-père (m)	할아버지	ha-ra-beo-ji
petit-fils (m)	손자	son-ja
petite-fille (f)	손녀	son-nyeo
petits-enfants (pl)	손자들	son-ja-deul
oncle (m)	삼촌	sam-chon
neveu (m)	조카	jo-ka

nièce (f)	조카딸	jo-ka-ttal
belle-mère (f)	장모	jang-mo
beau-père (m)	시아버지	si-a-beo-ji
gendre (m)	사위	sa-wi
belle-mère (f)	계모	gye-mo
beau-père (m)	계부	gye-bu
nourrisson (m)	영아	yeong-a
bébé (m)	아기	a-gi
petit (m)	꼬마	kko-ma
femme (f)	아내	a-nae
mari (m)	남편	nam-pyeon
époux (m)	배우자	bae-u-ja
épouse (f)	배우자	bae-u-ja
marié (adj)	결혼한	gyeol-hon-han
mariée (adj)	결혼한	gyeol-hon-han
célibataire (adj)	미혼의	mi-hon-ui
célibataire (m)	미혼 남자	mi-hon nam-ja
divorcé (adj)	이혼한	i-hon-han
veuve (f)	과부	gwa-bu
veuf (m)	홀아비	ho-ra-bi
parent (m)	친척	chin-cheok
parent (m) proche	가까운 친척	ga-kka-un chin-cheok
parent (m) éloigné	먼 친척	meon chin-cheok
parents (m pl)	친척들	chin-cheok-deul
orphelin (m), orpheline (f)	고아	go-a
tuteur (m)	후견인	hu-gyeon-in
adopter (un garçon)	입양하다	i-byang-ha-da
adopter (une fille)	입양하다	i-byang-ha-da

La médecine

47. Les maladies

maladie (f)	병	byeong
être malade	눕다	nup-da
santé (f)	건강	geon-gang
rhume (m) (coryza)	비염	bi-yeom
angine (f)	편도염	pyeon-do-yeom
refroidissement (m)	감기	gam-gi
prendre froid	감기에 걸리다	gam-gi-e geol-li-da
bronchite (f)	기관지염	gi-gwan-ji-yeom
pneumonie (f)	폐렴	pye-ryeom
grippe (f)	독감	dok-gam
myope (adj)	근시의	geun-si-ui
presbyte (adj)	원시의	won-si-ui
strabisme (m)	사시	sa-si
strabique (adj)	사시인	sa-si-in
cataracte (f)	백내장	baeng-nae-jang
glaucome (m)	녹내장	nong-nae-jang
insulte (f)	뇌졸중	noe-jol-jung
crise (f) cardiaque	심장마비	sim-jang-ma-bi
infarctus (m) de myocarde	심근경색증	sim-geun-gyeong-saek-jeung
paralysie (f)	마비	ma-bi
paralyser (vt)	마비되다	ma-bi-doe-da
allergie (f)	알레르기	al-le-reu-gi
asthme (m)	천식	cheon-sik
diabète (m)	당뇨병	dang-nyo-byeong
mal (m) de dents	치통, 이앓이	chi-tong, i-a-ri
carie (f)	충치	chung-chi
diarrhée (f)	설사	seol-sa
constipation (f)	변비증	byeon-bi-jeung
estomac (m) barbouillé	배탈	bae-tal
intoxication (f) alimentaire	식중독	sik-jung-dok
être intoxiqué	식중독에 걸리다	sik-jung-do-ge geol-li-da
arthrite (f)	관절염	gwan-jeo-ryeom
rachitisme (m)	구루병	gu-ru-byeong
rhumatisme (m)	류머티즘	ryu-meo-ti-jeum
gastrite (f)	위염	wi-yeom
appendicite (f)	맹장염	maeng-jang-yeom
cholécystite (f)	담낭염	dam-nang-yeom

ulcère (m)	궤양	gwe-yang
rougeole (f)	홍역	hong-yeok
rubéole (f)	풍진	pung-jin
jaunisse (f)	황달	hwang-dal
hépatite (f)	간염	gan-nyeom
schizophrénie (f)	정신 분열증	jeong-sin bu-nyeol-jeung
rage (f) (hydrophobie)	광견병	gwang-gyeon-byeong
névrose (f)	신경증	sin-gyeong-jeung
commotion (f) cérébrale	뇌진탕	noe-jin-tang
cancer (m)	암	am
sclérose (f)	경화증	gyeong-hwa-jeung
sclérose (f) en plaques	다발성 경화증	da-bal-seong gyeong-hwa-jeung
alcoolisme (m)	알코올 중독	al-ko-ol jung-dok
alcoolique (m)	알코올 중독자	al-ko-ol jung-dok-ja
syphilis (f)	매독	mae-dok
SIDA (m)	에이즈	e-i-jeu
tumeur (f)	종양	jong-yang
maligne (adj)	악성의	ak-seong-ui
bénigne (adj)	양성의	yang-seong-ui
fièvre (f)	열병	yeol-byeong
malaria (f)	말라리아	mal-la-ri-a
gangrène (f)	피저	goe-jeo
mal (m) de mer	뱃멀미	baen-meol-mi
épilepsie (f)	간질	gan-jil
épidémie (f)	유행병	yu-haeng-byeong
typhus (m)	발진티푸스	bal-jin-ti-pu-seu
tuberculose (f)	결핵	gyeol-haek
choléra (m)	콜레라	kol-le-ra
peste (f)	페스트	pe-seu-teu

48. Les symptômes. Le traitement. Partie 1

symptôme (m)	증상	jeung-sang
température (f)	체온	che-on
fièvre (f)	열	yeol
pouls (m)	맥박	maek-bak
vertige (m)	현기증	hyeon-gi-jeung
chaud (adj)	뜨거운	tteu-geo-un
frisson (m)	전율	jeo-nyul
pâle (adj)	창백한	chang-baek-an
toux (f)	기침	gi-chim
tousser (vi)	기침을 하다	gi-chi-meul ha-da
éternuer (vi)	재채기하다	jae-chae-gi-ha-da
évanouissement (m)	실신	sil-sin
s'évanouir (vp)	실신하다	sil-sin-ha-da

bleu (m)	멍	meong
bosse (f)	혹	hok
se heurter (vp)	부딪치다	bu-dit-chi-da
meurtrissure (f)	타박상	ta-bak-sang
se faire mal	타박상을 입다	ta-bak-sang-eul rip-da
boiter (vi)	절다	jeol-da
foulure (f)	탈구	tal-gu
se démettre (l'épaule, etc.)	탈구하다	tal-gu-ha-da
fracture (f)	골절	gol-jeol
avoir une fracture	골절하다	gol-jeol-ha-da
coupure (f)	베인	be-in
se couper (~ le doigt)	베다	jeol-chang-eul rip-da
hémorragie (f)	출혈	chul-hyeol
brûlure (f)	화상	hwa-sang
se brûler (vp)	데다	de-da
se piquer (le doigt)	찌르다	jji-reu-da
se piquer (vp)	찔리다	jjil-li-da
blesser (vt)	다치다	da-chi-da
blessure (f)	부상	bu-sang
plaie (f) (blessure)	부상	bu-sang
trauma (m)	정신적 외상	jeong-sin-jeok goe-sang
délirer (vi)	망상을 켜다	mang-sang-eul gyeok-da
bégayer (vi)	말을 더듬다	ma-reul deo-deum-da
insolation (f)	일사병	il-sa-byeong

49. Les symptômes. Le traitement. Partie 2

douleur (f)	통증	tong-jeung
écharde (f)	가시	ga-si
sueur (f)	땀	ttam
suer (vi)	땀이 나다	ttam-i na-da
vomissement (m)	구토	gu-to
spasmes (m pl)	경련	gyeong-nyeon
enceinte (adj)	임신한	im-sin-han
naître (vi)	태어나다	tae-eo-na-da
accouchement (m)	출산	chul-san
accoucher (vi)	낳다	na-ta
avortement (m)	낙태	nak-tae
respiration (f)	호흡	ho-heup
inhalation (f)	들숨	deul-sum
expiration (f)	날숨	nal-sum
expirer (vi)	내쉬다	nae-swi-da
inspirer (vi)	들이쉬다	deu-ri-swi-da
invalide (m)	장애인	jang-ae-in
handicapé (m)	병신	byeong-sin

drogué (m)	마약 중독자	ma-yak jung-dok-ja
sourd (adj)	귀가 먼	gwi-ga meon
muet (adj)	벙어리인	beong-eo-ri-in
sourd-muet (adj)	농아인	nong-a-in
fou (adj)	미친	mi-chin
fou (m)	광인	gwang-in
folle (f)	광인	gwang-in
devenir fou	미치다	mi-chi-da
gène (m)	유전자	yu-jeon-ja
immunité (f)	면역성	myeo-nyeok-seong
héréditaire (adj)	유전의	yu-jeon-ui
congénital (adj)	선천적인	seon-cheon-jeo-gin
virus (m)	바이러스	ba-i-reo-seu
microbe (m)	미생물	mi-saeng-mul
bactérie (f)	세균	se-gyun
infection (f)	감염	gam-nyeom

50. Les symptômes. Le traitement. Partie 3

hôpital (m)	병원	byeong-won
patient (m)	환자	hwan-ja
diagnostic (m)	진단	jin-dan
cure (f) (faire une ~)	치료	chi-ryo
se faire soigner	치료를 받다	chi-ryo-reul bat-da
traiter (un patient)	치료하다	chi-ryo-ha-da
soigner (un malade)	간호하다	gan-ho-ha-da
soins (m pl)	간호	gan-ho
opération (f)	수술	su-sul
panser (vt)	붕대를 감다	bung-dae-reul gam-da
pansement (m)	붕대	bung-dae
vaccination (f)	예방주사	ye-bang-ju-sa
vacciner (vt)	접종하다	jeop-jong-ha-da
piqûre (f)	주사	ju-sa
faire une piqûre	주사하다	ju-sa-ha-da
amputation (f)	절단	jeol-dan
amputer (vt)	절단하다	jeol-dan-ha-da
coma (m)	혼수 상태	hon-su sang-tae
être dans le coma	혼수 상태에 있다	hon-su sang-tae-e it-da
réanimation (f)	집중 치료	jip-jung chi-ryo
se rétablir (vp)	회복하다	hoe-bok-a-da
état (m) (de santé)	상태	sang-tae
conscience (f)	의식	ui-sik
mémoire (f)	기억	gi-eok
arracher (une dent)	빼다	ppae-da
plombage (m)	충전물	chung-jeon-mul

plomber (vt)	때우다	ttae-u-da
hypnose (f)	최면	choe-myeon
hypnotiser (vt)	최면을 걸다	choe-myeo-neul geol-da

51. Les médecins

médecin (m)	의사	ui-sa
infirmière (f)	간호사	gan-ho-sa
médecin (m) personnel	개인 의사	gae-in ui-sa
dentiste (m)	치과 의사	chi-gwa ui-sa
ophtalmologiste (m)	안과 의사	an-gwa ui-sa
généraliste (m)	내과 의사	nae-gwa ui-sa
chirurgien (m)	외과 의사	oe-gwa ui-sa
psychiatre (m)	정신과 의사	jeong-sin-gwa ui-sa
pédiatre (m)	소아과 의사	so-a-gwa ui-sa
psychologue (m)	심리학자	sim-ni-hak-ja
gynécologue (m)	부인과 의사	bu-in-gwa ui-sa
cardiologue (m)	심장병 전문의	sim-jang-byeong jeon-mun-ui

52. Les médicaments. Les accessoires

médicament (m)	약	yak
remède (m)	약제	yak-je
ordonnance (f)	처방	cheo-bang
comprimé (m)	정제	jeong-je
onguent (m)	연고	yeon-go
ampoule (f)	앰풀	aem-pul
mixture (f)	혼합물	hon-ham-mul
sirop (m)	물약	mul-lyak
pilule (f)	알약	a-ryak
poudre (f)	가루약	ga-ru-yak
bande (f)	거즈 붕대	geo-jeu bung-dae
coton (m) (ouate)	솜	som
iode (m)	요오드	yo-o-deu
sparadrap (m)	반창고	ban-chang-go
compte-gouttes (m)	점안기	jeom-an-gi
thermomètre (m)	체온계	che-on-gye
seringue (f)	주사기	ju-sa-gi
fauteuil (m) roulant	휠체어	hwil-che-eo
béquilles (f pl)	목발	mok-bal
anesthésique (m)	진통제	jin-tong-je
purgatif (m)	완하제	wan-ha-je
alcool (m)	알코올	al-ko-ol
herbe (f) médicinale	약초	yak-cho
d'herbes (adj)	약초의	yak-cho-ui

L'HABITAT HUMAIN

La ville

53. La ville. La vie urbaine

ville (f)	도시	do-si
capitale (f)	수도	su-do
village (m)	마을	ma-eul
plan (m) de la ville	도시 지도	do-si ji-do
centre-ville (m)	시내	si-nae
banlieue (f)	근교	geun-gyo
de banlieue (adj)	근교의	geun-gyo-ui
alentours (m pl)	주변	ju-byeon
quartier (m)	한 구획	han gu-hoek
quartier (m) résidentiel	동	dong
trafic (m)	교통	gyo-tong
feux (m pl) de circulation	신호등	sin-ho-deung
transport (m) urbain	대중교통	dae-jung-gyo-tong
carrefour (m)	교차로	gyo-cha-ro
passage (m) piéton	횡단 보도	hoeng-dan bo-do
passage (m) souterrain	지하 보도	ji-ha bo-do
traverser (vt)	건너가다	geon-neo-ga-da
piéton (m)	보행자	bo-haeng-ja
trottoir (m)	인도	in-do
pont (m)	다리	da-ri
quai (m)	강변로	gang-byeon-no
allée (f)	길	gil
parc (m)	공원	gong-won
boulevard (m)	대로	dae-ro
place (f)	광장	gwang-jang
avenue (f)	가로	ga-ro
rue (f)	거리	geo-ri
ruelle (f)	골목	gol-mok
impasse (f)	막다른길	mak-da-reun-gil
maison (f)	집	jip
édifice (m)	빌딩	bil-ding
gratte-ciel (m)	고층 건물	go-cheung geon-mul
façade (f)	전면	jeon-myeon
toit (m)	지붕	ji-bung
fenêtre (f)	창문	chang-mun

arc (m)	아치	a-chi
colonne (f)	기둥	gi-dung
coin (m)	모퉁이	mo-tung-i
vitrine (f)	쇼윈도우	syo-win-do-u
enseigne (f)	간판	gan-pan
affiche (f)	포스터	po-seu-teo
affiche (f) publicitaire	광고 포스터	gwang-go po-seu-teo
panneau-réclame (m)	광고판	gwang-go-pan
ordures (f pl)	쓰레기	sseu-re-gi
poubelle (f)	쓰레기통	sseu-re-gi-tong
décharge (f)	쓰레기장	sseu-re-gi-jang
cabine (f) téléphonique	공중 전화	gong-jung jeon-hwa
réverbère (m)	가로등	ga-ro-deung
banc (m)	벤치	ben-chi
policier (m)	경찰관	gyeong-chal-gwan
police (f)	경찰	gyeong-chal
clochard (m)	거지	geo-ji
sans-abri (m)	노숙자	no-suk-ja

54. Les institutions urbaines

magasin (m)	가게, 상점	ga-ge, sang-jeom
pharmacie (f)	약국	yak-guk
opticien (m)	안경 가게	an-gyeong ga-ge
centre (m) commercial	쇼핑몰	syo-ping-mol
supermarché (m)	슈퍼마켓	syu-peo-ma-ket
boulangerie (f)	빵집	ppang-jip
boulanger (m)	제빵사	je-ppang-sa
pâtisserie (f)	제과점	je-gwa-jeom
épicerie (f)	식료품점	sing-nyo-pum-jeom
boucherie (f)	정육점	jeong-yuk-jeom
magasin (m) de légumes	야채 가게	ya-chae ga-ge
marché (m)	시장	si-jang
salon (m) de café	커피숍	keo-pi-syop
restaurant (m)	레스토랑	re-seu-to-rang
brasserie (f)	바	ba
pizzeria (f)	피자 가게	pi-ja ga-ge
salon (m) de coiffure	미장원	mi-jang-won
poste (f)	우체국	u-che-guk
pressing (m)	드라이 클리닝	deu-ra-i keul-li-ning
atelier (m) de photo	사진관	sa-jin-gwan
magasin (m) de chaussures	신발 가게	sin-bal ga-ge
librairie (f)	서점	seo-jeom
magasin (m) d'articles de sport	스포츠용품 매장	seu-po-cheu-yong-pum mae-jang

atelier (m) de retouche	옷 수선 가게	ot su-seon ga-ge
location (f) de vêtements	의류 임대	ui-ryu im-dae
location (f) de films	비디오 대여	bi-di-o dae-yeo
cirque (m)	서커스	seo-keo-seu
zoo (m)	동물원	dong-mu-rwon
cinéma (m)	영화관	yeong-hwa-gwan
musée (m)	박물관	bang-mul-gwan
bibliothèque (f)	도서관	do-seo-gwan
théâtre (m)	극장	geuk-jang
opéra (m)	오페라극장	o-pe-ra-geuk-jang
boîte (f) de nuit	나이트 클럽	na-i-teu keul-leop
casino (m)	카지노	ka-ji-no
mosquée (f)	모스크	mo-seu-keu
synagogue (f)	유대교 회당	yu-dae-gyo hoe-dang
cathédrale (f)	대성당	dae-seong-dang
temple (m)	사원, 신전	sa-won, sin-jeon
église (f)	교회	gyo-hoe
institut (m)	단과대학	dan-gwa-dae-hak
université (f)	대학교	dae-hak-gyo
école (f)	학교	hak-gyo
préfecture (f)	도, 현	do, hyeon
mairie (f)	시청	si-cheong
hôtel (m)	호텔	ho-tel
banque (f)	은행	eun-haeng
ambassade (f)	대사관	dae-sa-gwan
agence (f) de voyages	여행사	yeo-haeng-sa
bureau (m) d'information	안내소	an-nae-so
bureau (m) de change	환전소	hwan-jeon-so
métro (m)	지하철	ji-ha-cheol
hôpital (m)	병원	byeong-won
station-service (f)	주유소	ju-yu-so
parking (m)	주차장	ju-cha-jang

55. Les enseignes. Les panneaux

enseigne (f)	간판	gan-pan
pancarte (f)	안내문	an-nae-mun
poster (m)	포스터	po-seu-teo
indicateur (m) de direction	방향표시	bang-hyang-pyo-si
flèche (f)	화살표	hwa-sal-pyo
avertissement (m)	경고	gyeong-go
panneau d'avertissement	경고판	gyeong-go-pan
avertir (vt)	경고하다	gyeong-go-ha-da
jour (m) de repos	휴일	hyu-il
horaire (m)	시간표	si-gan-pyo

heures (f pl) d'ouverture	영업 시간	yeong-eop si-gan
BIENVENUE!	어서 오세요!	eo-seo o-se-yo!
ENTRÉE	입구	ip-gu
SORTIE	출구	chul-gu
POUSSER	미세요	mi-se-yo
TIRER	당기세요	dang-gi-se-yo
OUVERT	열림	yeol-lim
FERMÉ	닫힘	da-chim
FEMMES	여성전용	yeo-seong-jeo-nyong
HOMMES	남성	nam-seong-jeo-nyong
RABAIS	할인	ha-rin
SOLDES	세일	se-il
NOUVEAU!	신상품	sin-sang-pum
GRATUIT	공짜	gong-jja
ATTENTION!	주의!	ju-ui!
COMPLET	빈 방 없음	bin bang eop-seum
RÉSERVÉ	예약석	ye-yak-seok
ADMINISTRATION	관리부	gwal-li-bu
RÉSERVÉ AU PERSONNEL	직원 전용	ji-gwon jeo-nyong
ATTENTION CHIEN MÉCHANT	개조심	gae-jo-sim
DÉFENSE DE FUMER	금연	geu-myeon
PRIÈRE DE NE PAS TOUCHER	손 대지 마시오!	son dae-ji ma-si-o!
DANGEREUX	위험	wi-heom
DANGER	위험	wi-heom
HAUTE TENSION	고전압	go-jeon-ap
BAIGNADE INTERDITE	수영 금지	su-yeong geum-ji
HORS SERVICE	수리중	su-ri-jung
INFLAMMABLE	가연성 물자	ga-yeon-seong mul-ja
INTERDIT	금지	geum-ji
PASSAGE INTERDIT	출입 금지	chu-rip geum-ji
PEINTURE FRAÎCHE	칠 주의	chil ju-ui

56. Les transports en commun

autobus (m)	버스	beo-seu
tramway (m)	전차	jeon-cha
trolleybus (m)	트롤리 버스	teu-rol-li beo-seu
itinéraire (m)	노선	no-seon
numéro (m)	번호	beon-ho
prendre ...	... 타고 가다	... ta-go ga-da
monter (dans l'autobus)	타다	ta-da
descendre de ...	... 에서 내리다	... e-seo nae-ri-da
arrêt (m)	정류장	jeong-nyu-jang

arrêt (m) prochain	다음 정류장	da-eum jeong-nyu-jang
terminus (m)	종점	jong-jeom
horaire (m)	시간표	si-gan-pyo
attendre (vt)	기다리다	gi-da-ri-da
ticket (m)	표	pyo
prix (m) du ticket	요금	yo-geum
caissier (m)	계산원	gye-san-won
contrôle (m) des tickets	검표	geom-pyo
contrôleur (m)	검표원	geom-pyo-won
être en retard	… 시간에 늦다	… si-gan-e neut-da
rater (~ le train)	놓치다	no-chi-da
se dépêcher	서두르다	seo-du-reu-da
taxi (m)	택시	taek-si
chauffeur (m) de taxi	택시 운전 기사	taek-si un-jeon gi-sa
en taxi	택시로	taek-si-ro
arrêt (m) de taxi	택시 정류장	taek-si jeong-nyu-jang
appeler un taxi	택시를 부르다	taek-si-reul bu-reu-da
prendre un taxi	택시를 타다	taek-si-reul ta-da
trafic (m)	교통	gyo-tong
embouteillage (m)	교통 체증	gyo-tong che-jeung
heures (f pl) de pointe	러시 아워	reo-si a-wo
se garer (vp)	주차하다	ju-cha-ha-da
garer (vt)	주차하다	ju-cha-ha-da
parking (m)	주차장	ju-cha-jang
métro (m)	지하철	ji-ha-cheol
station (f)	역	yeok
prendre le métro	지하철을 타다	ji-ha-cheo-reul ta-da
train (m)	기차	gi-cha
gare (f)	기차역	gi-cha-yeok

57. Le tourisme

monument (m)	기념비	gi-nyeom-bi
forteresse (f)	요새	yo-sae
palais (m)	궁전	gung-jeon
château (m)	성	seong
tour (f)	탑	tap
mausolée (m)	영묘	yeong-myo
architecture (f)	건축	geon-chuk
médiéval (adj)	중세의	jung-se-ui
ancien (adj)	고대의	go-dae-ui
national (adj)	국가의	guk-ga-ui
connu (adj)	유명한	yu-myeong-han
touriste (m)	관광객	gwan-gwang-gaek
guide (m) (personne)	가이드	ga-i-deu
excursion (f)	견학, 관광	gyeon-hak, gwan-gwang

montrer (vt)	보여주다	bo-yeo-ju-da
raconter (une histoire)	이야기하다	i-ya-gi-ha-da
trouver (vt)	찾다	chat-da
se perdre (vp)	길을 잃다	gi-reul ril-ta
plan (m) (du metro, etc.)	노선도	no-seon-do
carte (f) (de la ville, etc.)	지도	ji-do
souvenir (m)	기념품	gi-nyeom-pum
boutique (f) de souvenirs	기념품 가게	gi-nyeom-pum ga-ge
prendre en photo	사진을 찍다	sa-ji-neul jjik-da
se faire prendre en photo	사진을 찍다	sa-ji-neul jjik-da

58. Le shopping

acheter (vt)	사다	sa-da
achat (m)	구매	gu-mae
faire des achats	쇼핑하다	syo-ping-ha-da
shopping (m)	쇼핑	syo-ping
être ouvert	열리다	yeol-li-da
être fermé	닫다	dat-da
chaussures (f pl)	신발	sin-bal
vêtement (m)	옷	ot
produits (m pl) de beauté	화장품	hwa-jang-pum
produits (m pl) alimentaires	식품	sik-pum
cadeau (m)	선물	seon-mul
vendeur (m)	판매원	pan-mae-won
vendeuse (f)	여판매원	yeo-pan-mae-won
caisse (f)	계산대	gye-san-dae
miroir (m)	거울	geo-ul
comptoir (m)	계산대	gye-san-dae
cabine (f) d'essayage	탈의실	ta-rui-sil
essayer (robe, etc.)	입어보다	i-beo-bo-da
aller bien (robe, etc.)	어울리다	eo-ul-li-da
plaire (être apprécié)	좋아하다	jo-a-ha-da
prix (m)	가격	ga-gyeok
étiquette (f) de prix	가격표	ga-gyeok-pyo
coûter (vt)	값이 ··· 이다	gap-si ... i-da
Combien?	얼마?	eol-ma?
rabais (m)	할인	ha-rin
pas cher (adj)	비싸지 않은	bi-ssa-ji a-neun
bon marché (adj)	싼	ssan
cher (adj)	비싼	bi-ssan
C'est cher	비쌉니다	bi-ssam-ni-da
location (f)	임대	im-dae
louer (une voiture, etc.)	빌리다	bil-li-da

crédit (m)	신용	si-nyong
à crédit (adv)	신용으로	si-nyong-eu-ro

59. L'argent

argent (m)	돈	don
échange (m)	환전	hwan-jeon
cours (m) de change	환율	hwa-nyul
distributeur (m)	현금 자동 지급기	hyeon-geum ja-dong ji-geup-gi
monnaie (f)	동전	dong-jeon
dollar (m)	달러	dal-leo
euro (m)	유로	yu-ro
lire (f)	리라	ri-ra
mark (m) allemand	마르크	ma-reu-keu
franc (m)	프랑	peu-rang
livre sterling (f)	파운드	pa-un-deu
yen (m)	엔	en
dette (f)	빚	bit
débiteur (m)	채무자	chae-mu-ja
prêter (vt)	빌려주다	bil-lyeo-ju-da
emprunter (vt)	빌리다	bil-li-da
banque (f)	은행	eun-haeng
compte (m)	계좌	gye-jwa
verser dans le compte	계좌에 입금하다	ip-geum-ha-da
retirer du compte	출금하다	chul-geum-ha-da
carte (f) de crédit	신용 카드	si-nyong ka-deu
espèces (f pl)	현금	hyeon-geum
chèque (m)	수표	su-pyo
faire un chèque	수표를 끊다	su-pyo-reul kkeun-ta
chéquier (m)	수표책	su-pyo-chaek
portefeuille (m)	지갑	ji-gap
bourse (f)	동전지갑	dong-jeon-ji-gap
coffre fort (m)	금고	geum-go
héritier (m)	상속인	sang-so-gin
héritage (m)	유산	yu-san
fortune (f)	재산, 큰돈	jae-san, keun-don
location (f)	임대	im-dae
loyer (m) (argent)	집세	jip-se
louer (prendre en location)	임대하다	im-dae-ha-da
prix (m)	가격	ga-gyeok
coût (m)	비용	bi-yong
somme (f)	액수	aek-su
dépenser (vt)	쓰다	sseu-da
dépenses (f pl)	출비를	chul-bi-reul

économiser (vt)	절약하다	jeo-ryak-a-da
économe (adj)	경제적인	gyeong-je-jeo-gin
payer (régler)	지불하다	ji-bul-ha-da
paiement (m)	지불	ji-bul
monnaie (f) (rendre la ~)	거스름돈	geo-seu-reum-don
impôt (m)	세금	se-geum
amende (f)	벌금	beol-geum
mettre une amende	벌금을 부과하다	beol-geu-meul bu-gwa-ha-da

60. La poste. Les services postaux

poste (f)	우체국	u-che-guk
courrier (m) (lettres, etc.)	우편물	u-pyeon-mul
facteur (m)	우체부	u-che-bu
heures (f pl) d'ouverture	영업 시간	yeong-eop si-gan
lettre (f)	편지	pyeon-ji
recommandé (m)	등기 우편	deung-gi u-pyeon
carte (f) postale	엽서	yeop-seo
télégramme (m)	전보	jeon-bo
colis (m)	소포	so-po
mandat (m) postal	송금	song-geum
recevoir (vt)	받다	bat-da
envoyer (vt)	보내다	bo-nae-da
envoi (m)	발송	bal-song
adresse (f)	주소	ju-so
code (m) postal	우편 번호	u-pyeon beon-ho
expéditeur (m)	발송인	bal-song-in
destinataire (m)	수신인	su-sin-in
prénom (m)	이름	i-reum
nom (m) de famille	성	seong
tarif (m)	요금	yo-geum
normal (adj)	일반의	il-ba-nui
économique (adj)	경제적인	gyeong-je-jeo-gin
poids (m)	무게	mu-ge
peser (~ les lettres)	무게를 달다	mu-ge-reul dal-da
enveloppe (f)	봉투	bong-tu
timbre (m)	우표	u-pyo

Le logement. La maison. Le foyer

61. La maison. L'électricité

électricité (f)	전기	jeon-gi
ampoule (f)	전구	jeon-gu
interrupteur (m)	스위치	seu-wi-chi
plomb, fusible (m)	퓨즈	pyu-jeu
fil (m) (~ électrique)	전선	jeon-seon
installation (f) électrique	배선	bae-seon
compteur (m) électrique	전기 계량기	jeon-gi gye-ryang-gi
relevé (m)	판독값	pan-dok-gap

62. La villa et le manoir

maison (f) de campagne	시외 주택	si-oe ju-taek
villa (f)	별장	byeol-jang
aile (f) (~ ouest)	동	dong
jardin (m)	정원	jeong-won
parc (m)	공원	gong-won
serre (f) tropicale	열대온실	yeol-dae-on-sil
s'occuper (~ du jardin)	… 을 맡다	… eul mat-da
piscine (f)	수영장	su-yeong-jang
salle (f) de gym	헬스장	hel-seu-jang
court (m) de tennis	테니스장	te-ni-seu-jang
salle (f) de cinéma	홈씨어터	hom-ssi-eo-teo
garage (m)	차고	cha-go
propriété (f) privée	개인 소유물	gae-in so-yu-mul
terrain (m) privé	사유 토지	sa-yu to-ji
avertissement (m)	경고	gyeong-go
panneau d'avertissement	경고판	gyeong-go-pan
sécurité (f)	보안	bo-an
agent (m) de sécurité	보안요원	bo-a-nyo-won
alarme (f) antivol	도난 경보기	do-nan gyeong-bo-gi

63. L'appartement

appartement (m)	아파트	a-pa-teu
chambre (f)	방	bang
chambre (f) à coucher	침실	chim-sil

salle (f) à manger	식당	sik-dang
salon (m)	거실	geo-sil
bureau (m)	서재	seo-jae
antichambre (f)	곁방	gyeot-bang
salle (f) de bains	욕실	yok-sil
toilettes (f pl)	화장실	hwa-jang-sil
plafond (m)	천장	cheon-jang
plancher (m)	마루	ma-ru
coin (m)	구석	gu-seok

64. Les meubles. L'intérieur

meubles (m pl)	가구	ga-gu
table (f)	식탁, 테이블	sik-tak, te-i-beul
chaise (f)	의자	ui-ja
lit (m)	침대	chim-dae
canapé (m)	소파	so-pa
fauteuil (m)	안락 의자	al-lak gui-ja
bibliothèque (f) (meuble)	책장	chaek-jang
rayon (m)	책꽂이	chaek-kko-ji
armoire (f)	옷장	ot-jang
patère (f)	옷걸이	ot-geo-ri
portemanteau (m)	스탠드옷걸이	seu-taen-deu-ot-geo-ri
commode (f)	서랍장	seo-rap-jang
table (f) basse	커피 테이블	keo-pi te-i-beul
miroir (m)	거울	geo-ul
tapis (m)	양탄자	yang-tan-ja
petit tapis (m)	러그	reo-geu
cheminée (f)	벽난로	byeong-nan-no
bougie (f)	초	cho
chandelier (m)	촛대	chot-dae
rideaux (m pl)	커튼	keo-teun
papier (m) peint	벽지	byeok-ji
jalousie (f)	블라인드	beul-la-in-deu
lampe (f) de table	테이블 램프	deung
applique (f)	벽등	byeok-deung
lampadaire (m)	플로어 스탠드	peul-lo-eo seu-taen-deu
lustre (m)	샹들리에	syang-deul-li-e
pied (m) (~ de la table)	다리	da-ri
accoudoir (m)	팔걸이	pal-geo-ri
dossier (m)	등받이	deung-ba-ji
tiroir (m)	서랍	seo-rap

65. La literie

linge (m) de lit	침구	chim-gu
oreiller (m)	베개	be-gae
taie (f) d'oreiller	베갯잇	be-gaen-nit
couverture (f)	이불	i-bul
drap (m)	시트	si-teu
couvre-lit (m)	침대보	chim-dae-bo

66. La cuisine

cuisine (f)	부엌	bu-eok
gaz (m)	가스	ga-seu
cuisinière (f) à gaz	가스 레인지	ga-seu re-in-ji
cuisinière (f) électrique	전기 레인지	jeon-gi re-in-ji
four (m)	오븐	o-beun
four (m) micro-ondes	전자 레인지	jeon-ja re-in-ji
réfrigérateur (m)	냉장고	naeng-jang-go
congélateur (m)	냉동고	naeng-dong-go
lave-vaisselle (m)	식기 세척기	sik-gi se-cheok-gi
hachoir (m) à viande	고기 분쇄기	go-gi bun-swae-gi
centrifugeuse (f)	과즙기	gwa-jeup-gi
grille-pain (m)	토스터	to-seu-teo
batteur (m)	믹서기	mik-seo-gi
machine (f) à café	커피 메이커	keo-pi me-i-keo
cafetière (f)	커피 주전자	keo-pi ju-jeon-ja
moulin (m) à café	커피 그라인더	keo-pi geu-ra-in-deo
bouilloire (f)	주전자	ju-jeon-ja
théière (f)	티팟	ti-pat
couvercle (m)	뚜껑	ttu-kkeong
passoire (f) à thé	차거름망	cha-geo-reum-mang
cuillère (f)	숟가락	sut-ga-rak
petite cuillère (f)	티스푼	ti-seu-pun
cuillère (f) à soupe	숟가락	sut-ga-rak
fourchette (f)	포크	po-keu
couteau (m)	칼	kal
vaisselle (f)	식기	sik-gi
assiette (f)	접시	jeop-si
soucoupe (f)	받침 접시	bat-chim jeop-si
verre (m) à shot	소주잔	so-ju-jan
verre (m) (~ d'eau)	유리잔	yu-ri-jan
tasse (f)	컵	keop
sucrier (m)	설탕그릇	seol-tang-geu-reut
salière (f)	소금통	so-geum-tong
poivrière (f)	후추통	hu-chu-tong

beurrier (m)	버터 접시	beo-teo jeop-si
casserole (f)	냄비	naem-bi
poêle (f)	프라이팬	peu-ra-i-paen
louche (f)	국자	guk-ja
passoire (f)	체	che
plateau (m)	쟁반	jaeng-ban
bouteille (f)	병	byeong
bocal (m) (à conserves)	유리병	yu-ri-byeong
boîte (f) en fer-blanc	캔, 깡통	kaen, kkang-tong
ouvre-bouteille (m)	병따개	byeong-tta-gae
ouvre-boîte (m)	깡통 따개	kkang-tong tta-gae
tire-bouchon (m)	코르크 마개 뽑이	ko-reu-keu ma-gae ppo-bi
filtre (m)	필터	pil-teo
filtrer (vt)	여과하다	yeo-gwa-ha-da
ordures (f pl)	쓰레기	sseu-re-gi
poubelle (f)	쓰레기통	sseu-re-gi-tong

67. La salle de bains

salle (f) de bains	욕실	yok-sil
eau (f)	물	mul
robinet (m)	수도꼭지	su-do-kkok-ji
eau (f) chaude	온수	on-su
eau (f) froide	냉수	naeng-su
dentifrice (m)	치약	chi-yak
se brosser les dents	이를 닦다	i-reul dak-da
se raser (vp)	깎다	kkak-da
mousse (f) à raser	면도 크림	myeon-do keu-rim
rasoir (m)	면도기	myeon-do-gi
laver (vt)	씻다	ssit-da
se laver (vp)	목욕하다	mo-gyok-a-da
douche (f)	샤워	sya-wo
prendre une douche	샤워하다	sya-wo-ha-da
baignoire (f)	욕조	yok-jo
cuvette (f)	변기	byeon-gi
lavabo (m)	세면대	se-myeon-dae
savon (m)	비누	bi-nu
porte-savon (m)	비누 그릇	bi-nu geu-reut
éponge (f)	스펀지	seu-peon-ji
shampooing (m)	샴푸	syam-pu
serviette (f)	수건	su-geon
peignoir (m) de bain	목욕가운	mo-gyok-ga-un
lessive (f) (faire la ~)	빨래	ppal-lae
machine (f) à laver	세탁기	se-tak-gi

faire la lessive	빨래하다	ppal-lae-ha-da
lessive (f) (poudre)	가루세제	ga-ru-se-je

68. Les appareils électroménagers

téléviseur (m)	텔레비전	tel-le-bi-jeon
magnétophone (m)	카세트 플레이어	ka-se-teu peul-le-i-eo
magnétoscope (m)	비디오테이프 녹화기	bi-di-o-te-i-peu nok-wa-gi
radio (f)	라디오	ra-di-o
lecteur (m)	플레이어	peul-le-i-eo
vidéoprojecteur (m)	프로젝터	peu-ro-jek-teo
home cinéma (m)	홈씨어터	hom-ssi-eo-teo
lecteur DVD (m)	디비디 플레이어	di-bi-di peul-le-i-eo
amplificateur (m)	앰프	aem-peu
console (f) de jeux	게임기	ge-im-gi
caméscope (m)	캠코더	kaem-ko-deo
appareil (m) photo	카메라	ka-me-ra
appareil (m) photo numérique	디지털 카메라	di-ji-teol ka-me-ra
aspirateur (m)	진공 청소기	jin-gong cheong-so-gi
fer (m) à repasser	다리미	da-ri-mi
planche (f) à repasser	다림질 판	da-rim-jil pan
téléphone (m)	전화	jeon-hwa
portable (m)	휴대폰	hyu-dae-pon
machine (f) à écrire	타자기	ta-ja-gi
machine (f) à coudre	재봉틀	jae-bong-teul
micro (m)	마이크	ma-i-keu
écouteurs (m pl)	헤드폰	he-deu-pon
télécommande (f)	원격 조종	won-gyeok jo-jong
CD (m)	씨디	ssi-di
cassette (f)	테이프	te-i-peu
disque (m) (vinyle)	레코드 판	re-ko-deu pan

LES ACTIVITÉS HUMAINS

Le travail. Les affaires. Partie 1

69. Le bureau. La vie de bureau

bureau (m) (établissement)	사무실	sa-mu-sil
bureau (m) (au travail)	사무실	sa-mu-sil
accueil (m)	접수처	jeop-su-cheo
secrétaire (m, f)	비서	bi-seo
directeur (m)	사장	sa-jang
manager (m)	매니저	mae-ni-jeo
comptable (m)	회계사	hoe-gye-sa
collaborateur (m)	직원	ji-gwon
meubles (m pl)	가구	ga-gu
bureau (m)	책상	chaek-sang
fauteuil (m)	책상 의자	chaek-sang ui-ja
portemanteau (m)	스탠드옷걸이	seu-taen-deu-ot-geo-ri
ordinateur (m)	컴퓨터	keom-pyu-teo
imprimante (f)	프린터	peu-rin-teo
fax (m)	팩스기	paek-seu-gi
copieuse (f)	복사기	bok-sa-gi
papier (m)	종이	jong-i
papeterie (f)	사무용품	sa-mu-yong-pum
tapis (m) de souris	마우스 패드	ma-u-seu pae-deu
feuille (f)	한 장	han jang
classeur (m)	바인더	ba-in-deo
catalogue (m)	카탈로그	ka-tal-lo-geu
annuaire (m)	전화번호부	jeon-hwa-beon-ho-bu
documents (m pl)	문서	mun-seo
brochure (f)	브로셔	beu-ro-syeo
prospectus (m)	전단	jeon-dan
échantillon (m)	샘플	saem-peul
formation (f)	수련회를	su-ryeon-hoe-reul
réunion (f)	회의	hoe-ui
pause (f) déjeuner	점심시간	jeom-sim-si-gan
faire une copie	사본을 만들다	sa-bo-neul man-deul-da
faire des copies	복사하다	bok-sa-ha-da
recevoir un fax	팩스를 받다	paek-seu-reul bat-da
envoyer un fax	팩스를 보내다	paek-seu-reul bo-nae-da
téléphoner, appeler	전화하다	jeon-hwa-ha-da
répondre (vi, vt)	대답하다	dae-da-pa-da

passer (au téléphone)	연결해 주다	yeon-gyeol-hae ju-da
fixer (rendez-vous)	마련하다	ma-ryeon-ha-da
montrer (un échantillon)	전시하다	jeon-si-ha-da
être absent	결석하다	gyeol-seok-a-da
absence (f)	결근	gyeol-geun

70. Les processus d'affaires. Partie 1

métier (m)	직업	ji-geop
firme (f), société (f)	회사	hoe-sa
compagnie (f)	회사	hoe-sa
corporation (f)	사단 법인	sa-dan beo-bin
entreprise (f)	업체	eop-che
agence (f)	에이전시	e-i-jeon-si
accord (m)	약정	yak-jeong
contrat (m)	계약	gye-yak
marché (m) (accord)	거래	geo-rae
commande (f)	주문	ju-mun
terme (m) (~ du contrat)	조건	jo-geon
en gros (adv)	도매로	do-mae-ro
en gros (adj)	도매의	do-mae-ui
vente (f) en gros	도매	do-mae
au détail (adj)	소매의	so-mae-ui
vente (f) au détail	소매	so-mae
concurrent (m)	경쟁자	gyeong-jaeng-ja
concurrence (f)	경쟁	gyeong-jaeng
concurrencer (vt)	경쟁하다	gyeong-jaeng-ha-da
associé (m)	파트너	pa-teu-neo
partenariat (m)	파트너십	pa-teu-neo-sip
crise (f)	위기	wi-gi
faillite (f)	파산	pa-san
faire faillite	파산하다	pa-san-ha-da
difficulté (f)	어려움	eo-ryeo-um
problème (m)	문제	mun-je
catastrophe (f)	재난	jae-nan
économie (f)	경기, 경제	gyeong-gi, gyeong-je
économique (adj)	경제의	gyeong-je-ui
baisse (f) économique	경기침체	gyeong-gi-chim-che
but (m)	목표	mok-pyo
objectif (m)	임무	im-mu
faire du commerce	거래하다	geo-rae-ha-da
réseau (m) (de distribution)	네트워크	ne-teu-wo-keu
inventaire (m) (stocks)	재고	jae-go
assortiment (m)	세트	se-teu
leader (m)	리더	ri-deo
grande (~ entreprise)	규모가 큰	gyu-mo-ga keun

monopole (m)	독점	dok-jeom
théorie (f)	이론	i-ron
pratique (f)	실천	sil-cheon
expérience (f)	경험	gyeong-heom
tendance (f)	경향	gyeong-hyang
développement (m)	개발	gae-bal

71. Les processus d'affaires. Partie 2

rentabilité (m)	수익, 이익	su-ik, i-ik
rentable (adj)	수익성이 있는	su-ik-seong-i in-neun
délégation (f)	대표단	dae-pyo-dan
salaire (m)	급여, 월급	geu-byeo, wol-geup
corriger (une erreur)	고치다	go-chi-da
voyage (m) d'affaires	출장	chul-jang
commission (f)	수수료	su-su-ryo
contrôler (vt)	제어하다	je-eo-ha-da
conférence (f)	회의	hoe-ui
licence (f)	면허증	myeon-heo-jeung
fiable (partenaire ~)	믿을 만한	mi-deul man-han
initiative (f)	시작	si-jak
norme (f)	표준	pyo-jun
circonstance (f)	상황	sang-hwang
fonction (f)	의무	ui-mu
entreprise (f)	조직	jo-jik
organisation (f)	준비	jun-bi
organisé (adj)	조직된	jo-jik-doen
annulation (f)	취소	chwi-so
annuler (vt)	취소하다	chwi-so-ha-da
rapport (m)	보고서	bo-go-seo
brevet (m)	특허	teuk-eo
breveter (vt)	특허를 받다	teuk-eo-reul bat-da
planifier (vt)	계획하다	gye-hoek-a-da
prime (f)	보너스	bo-neo-seu
professionnel (adj)	전문가의	jeon-mun-ga-ui
procédure (f)	절차	jeol-cha
examiner (vt)	조사하다	jo-sa-ha-da
calcul (m)	계산	gye-san
réputation (f)	평판	pyeong-pan
risque (m)	위험	wi-heom
diriger (~ une usine)	운영하다	u-nyeong-ha-da
renseignements (m pl)	정보	jeong-bo
propriété (f)	소유	so-yu
union (f)	연합	yeon-hap
assurance vie (f)	생명 보험	saeng-myeong bo-heom
assurer (vt)	보험에 들다	bo-heom-e deul-da

assurance (f)	보험	bo-heom
enchères (f pl)	경매	gyeong-mae
notifier (informer)	통지하다	tong-ji-ha-da
gestion (f)	주관	ju-gwan
service (m)	서비스	seo-bi-seu
forum (m)	포럼	po-reom
fonctionner (vi)	기능하다	gi-neung-ha-da
étape (f)	단계	dan-gye
juridique (services ~s)	법률상의	beom-nyul-sang-ui
juriste (m)	법률고문	beom-nyul-go-mun

72. L'usine. La production

usine (f)	공장	gong-jang
fabrique (f)	공장	gong-jang
atelier (m)	작업장	ja-geop-jang
site (m) de production	현장	hyeon-jang
industrie (f)	산업, 공업	san-eop, gong-eop
industriel (adj)	산업의	san-eo-bui
industrie (f) lourde	중공업	jung-gong-eop
industrie (f) légère	경공업	gyeong-gong-eop
produit (m)	제품	je-pum
produire (vt)	제조하다	je-jo-ha-da
matières (f pl) premières	원재료	won-jae-ryo
chef (m) d'équipe	작업반장	ja-geop-ban-jang
équipe (f) d'ouvriers	작업반	ja-geop-ban
ouvrier (m)	노동자	no-dong-ja
jour (m) ouvrable	근무일	geun-mu-il
pause (f) (repos)	휴식	hyu-sik
réunion (f)	회의	hoe-ui
discuter (vt)	의논하다	ui-non-ha-da
plan (m)	계획	gye-hoek
accomplir le plan	계획을 수행하다	gye-hoe-geul su-haeng-ha-da
norme (f) de production	생산량	saeng-sal-lyang
qualité (f)	품질	pum-jil
contrôle (m)	관리	gwal-li
contrôle (m) qualité	품질 관리	pum-jil gwal-li
sécurité (f) de travail	산업안전	sa-neo-ban-jeon
discipline (f)	규율	gyu-yul
infraction (f)	위반	wi-ban
violer (les règles)	위반하다	wi-ban-ha-da
grève (f)	파업	pa-eop
gréviste (m)	파업자	pa-eop-ja
faire grève	파업하다	pa-eo-pa-da
syndicat (m)	노동조합	no-dong-jo-hap
inventer (machine, etc.)	발명하다	bal-myeong-ha-da

invention (f)	발명	bal-myeong
recherche (f)	연구	yeon-gu
améliorer (vt)	개선하다	gae-seon-ha-da
technologie (f)	기술	gi-sul
dessin (m) technique	건축 도면	geon-chuk do-myeon
charge (f) (~ de 3 tonnes)	화물	hwa-mul
chargeur (m)	하역부	ha-yeok-bu
charger (véhicule, etc.)	싣다	sit-da
chargement (m)	적재	jeok-jae
décharger (vt)	짐을 부리다	ji-meul bu-ri-da
déchargement (m)	짐부리기	jim-bu-ri-gi
transport (m)	운송	un-song
compagnie (f) de transport	운송 회사	un-song hoe-sa
transporter (vt)	운송하다	un-song-ha-da
wagon (m) de marchandise	화차	hwa-cha
citerne (f)	탱크	taeng-keu
camion (m)	트럭	teu-reok
machine-outil (f)	공작 기계	gong-jak gi-gye
mécanisme (m)	기계 장치	gi-gye jang-chi
déchets (m pl)	산업폐기물	san-eop-pye-gi-mul
emballage (m)	포장	po-jang
emballer (vt)	포장하다	po-jang-ha-da

73. Le contrat. L'accord

contrat (m)	계약	gye-yak
accord (m)	약정	yak-jeong
annexe (f)	별첨	byeol-cheom
signer un contrat	계약에 서명하다	gye-ya-ge seo-myeong-ha-da
signature (f)	서명	seo-myeong
signer (vt)	서명하다	seo-myeong-ha-da
cachet (m)	도장	do-jang
objet (m) du contrat	계약 내용	gye-yak nae-yong
clause (f)	항	hang
côtés (m pl)	양측	yang-cheuk
adresse (f) légale	법인 주소	beo-bin ju-so
violer l'accord	계약을 위반하다	gye-ya-geul rwi-ban-ha-da
obligation (f)	의무	ui-mu
responsabilité (f)	책임	chae-gim
force (f) majeure	불가항력	bul-ga-hang-nyeok
litige (m)	분쟁	bun-jaeng
pénalités (f pl)	제재	je-jae

74. L'importation. L'exportation

importation (f)	수입	su-ip
importateur (m)	수입업자	su-i-beop-ja
importer (vt)	수입하다	su-i-pa-da
d'importation	수입의	su-i-bui
exportateur (m)	수출업자	su-chu-reop-ja
exporter (vt)	수출하다	su-chul-ha-da
marchandise (f)	상품	sang-pum
lot (m) de marchandises	탁송물	tak-song-mul
poids (m)	무게	mu-ge
volume (m)	부피	bu-pi
mètre (m) cube	입방 미터	ip-bang mi-teo
producteur (m)	생산자	saeng-san-ja
compagnie (f) de transport	운송 회사	un-song hoe-sa
container (m)	컨테이너	keon-te-i-neo
frontière (f)	국경	guk-gyeong
douane (f)	세관	se-gwan
droit (m) de douane	관세	gwan-se
douanier (m)	세관원	se-gwan-won
contrebande (f) (trafic)	밀수입	mil-su-ip
contrebande (f)	밀수품	mil-su-pum

75. La finance

action (f)	주식	ju-sik
obligation (f)	채권	chae-gwon
lettre (f) de change	어음	eo-eum
bourse (f)	증권거래소	jeung-gwon-geo-rae-so
cours (m) d'actions	주가	ju-ga
baisser (vi)	내리다	nae-ri-da
augmenter (vi) (prix)	오르다	o-reu-da
participation (f) de contrôle	지배 지분	ji-bae ji-bun
investissements (m pl)	투자	tu-ja
investir (vt)	투자하다	tu-ja-ha-da
pour-cent (m)	퍼센트	peo-sen-teu
intérêts (m pl)	이자	i-ja
profit (m)	수익, 이익	su-ik, i-ik
profitable (adj)	수익성이 있는	su-ik-seong-i in-neun
impôt (m)	세금	se-geum
devise (f)	통화	tong-hwa
national (adj)	국가의	guk-ga-ui
échange (m)	환전	hwan-jeon

comptable (m)	회계사	hoe-gye-sa
comptabilité (f)	회계	hoe-gye
faillite (f)	파산	pa-san
krach (m)	붕괴	bung-goe
ruine (f)	파산	pa-san
se ruiner (vp)	파산하다	pa-san-ha-da
inflation (f)	인플레이션	in-peul-le-i-syeon
dévaluation (f)	평가절하	pyeong-ga-jeol-ha
capital (m)	자본	ja-bon
revenu (m)	소득	so-deuk
chiffre (m) d'affaires	총매출액	chong-mae-chu-raek
ressources (f pl)	재원을	jae-wo-neul
moyens (m pl) financiers	재정 자원을	jae-jeong ja-wo-neul
réduire (vt)	줄이다	ju-ri-da

76. La commercialisation. Le marketing

marketing (m)	마케팅	ma-ke-ting
marché (m)	시장	si-jang
segment (m) du marché	시장 분야	si-jang bu-nya
produit (m)	제품	je-pum
marchandise (f)	상품	sang-pum
marque (f) déposée	트레이드마크	teu-re-i-deu-ma-keu
logotype (m)	로고	ro-go
logo (m)	로고	ro-go
demande (f)	수요	su-yo
offre (f)	공급	gong-geup
besoin (m)	필요	pi-ryo
consommateur (m)	소비자	so-bi-ja
analyse (f)	분석	bun-seok
analyser (vt)	분석하다	bun-seok-a-da
positionnement (m)	포지셔닝	po-ji-syeo-ning
positionner (vt)	포지셔닝하다	po-ji-syeo-ning-ha-da
prix (m)	가격	ga-gyeok
politique (f) des prix	가격 정책	ga-gyeok jeong-chaek
formation (f) des prix	가격 형성	ga-gyeok yeong-seong

77. La publicité

publicité (f), pub (f)	광고	gwang-go
faire de la publicité	광고하다	gwang-go-ha-da
budget (m)	예산	ye-san
annonce (f), pub (f)	광고	gwang-go
publicité (f) à la télévision	텔레비전 광고	tel-le-bi-jeon gwang-go
publicité (f) à la radio	라디오 광고	ra-di-o gwang-go

publicité (f) extérieure	옥외 광고	o-goe gwang-go
mass média (m pl)	매체	mae-che
périodique (m)	정기 간행물	jeong-gi gan-haeng-mul
image (f)	이미지	i-mi-ji
slogan (m)	슬로건	seul-lo-geon
devise (f)	표어	pyo-eo
campagne (f)	캠페인	kaem-pe-in
campagne (f) publicitaire	광고 캠페인	gwang-go kaem-pe-in
public (m) cible	공략 대상	gong-nyak dae-sang
carte (f) de visite	명함	myeong-ham
prospectus (m)	전단	jeon-dan
brochure (f)	브로셔	beu-ro-syeo
dépliant (m)	팜플렛	pam-peul-let
bulletin (m)	회보	hoe-bo
enseigne (f)	간판	gan-pan
poster (m)	포스터	po-seu-teo
panneau-réclame (m)	광고판	gwang-go-pan

78. Les opérations bancaires

banque (f)	은행	eun-haeng
agence (f) bancaire	지점	ji-jeom
conseiller (m)	행원	haeng-won
gérant (m)	지배인	ji-bae-in
compte (m)	은행계좌	eun-haeng-gye-jwa
numéro (m) du compte	계좌 번호	gye-jwa beon-ho
compte (m) courant	당좌	dang-jwa
compte (m) sur livret	보통 예금	bo-tong ye-geum
ouvrir un compte	계좌를 열다	gye-jwa-reul ryeol-da
clôturer le compte	계좌를 해지하다	gye-jwa-reul hae-ji-ha-da
verser dans le compte	계좌에 입금하다	ip-geum-ha-da
retirer du compte	출금하다	chul-geum-ha-da
dépôt (m)	저금	jeo-geum
faire un dépôt	입금하다	ip-geum-ha-da
virement (m) bancaire	송금	song-geum
faire un transfert	송금하다	song-geum-ha-da
somme (f)	액수	aek-su
Combien?	얼마?	eol-ma?
signature (f)	서명	seo-myeong
signer (vt)	서명하다	seo-myeong-ha-da
carte (f) de crédit	신용 카드	si-nyong ka-deu
code (m)	비밀번호	bi-mil-beon-ho
numéro (m) de carte de crédit	신용 카드 번호	si-nyong ka-deu beon-ho

distributeur (m)	현금 자동 지급기	hyeon-geum ja-dong ji-geup-gi
chèque (m)	수표	su-pyo
faire un chèque	수표를 끊다	su-pyo-reul kkeun-ta
chéquier (m)	수표책	su-pyo-chaek
crédit (m)	대출	dae-chul
demander un crédit	대출 신청하다	dae-chul sin-cheong-ha-da
prendre un crédit	대출을 받다	dae-chu-reul bat-da
accorder un crédit	대출하다	dae-chul-ha-da
gage (m)	담보	dam-bo

79. Le téléphone. La conversation téléphonique

téléphone (m)	전화	jeon-hwa
portable (m)	휴대폰	hyu-dae-pon
répondeur (m)	자동 응답기	ja-dong eung-dap-gi
téléphoner, appeler	전화하다	jeon-hwa-ha-da
appel (m)	통화	tong-hwa
composer le numéro	번호로 걸다	beon-ho-ro geol-da
Allô!	여보세요!	yeo-bo-se-yo!
demander (~ l'heure)	묻다	mut-da
répondre (vi, vt)	전화를 받다	jeon-hwa-reul bat-da
entendre (bruit, etc.)	듣다	deut-da
bien (adv)	잘	jal
mal (adv)	좋지 않은	jo-chi a-neun
bruits (m pl)	잡음	ja-beum
récepteur (m)	수화기	su-hwa-gi
décrocher (vt)	전화를 받다	jeon-hwa-reul bat-da
raccrocher (vi)	전화를 끊다	jeon-hwa-reul kkeun-ta
occupé (adj)	통화 중인	tong-hwa jung-in
sonner (vi)	울리다	ul-li-da
carnet (m) de téléphone	전화 번호부	jeon-hwa beon-ho-bu
local (adj)	시내의	si-nae-ui
interurbain (adj)	장거리의	jang-geo-ri-ui
international (adj)	국제적인	guk-je-jeo-gin

80. Le téléphone portable

portable (m)	휴대폰	hyu-dae-pon
écran (m)	화면	hwa-myeon
bouton (m)	버튼	beo-teun
carte SIM (f)	SIM 카드	SIM ka-deu
pile (f)	건전지	geon-jeon-ji
être déchargé	나가다	na-ga-da

chargeur (m)	충전기	chung-jeon-gi
menu (m)	메뉴	me-nyu
réglages (m pl)	설정	seol-jeong
mélodie (f)	벨소리	bel-so-ri
sélectionner (vt)	선택하다	seon-taek-a-da
calculatrice (f)	계산기	gye-san-gi
répondeur (m)	자동 응답기	ja-dong eung-dap-gi
réveil (m)	알람 시계	al-lam si-gye
contacts (m pl)	연락처	yeol-lak-cheo
SMS (m)	문자 메시지	mun-ja me-si-ji
abonné (m)	가입자	ga-ip-ja

81. La papeterie

stylo (m) à bille	볼펜	bol-pen
stylo (m) à plume	만년필	man-nyeon-pil
crayon (m)	연필	yeon-pil
marqueur (m)	형광펜	hyeong-gwang-pen
feutre (m)	사인펜	sa-in-pen
bloc-notes (m)	공책	gong-chaek
agenda (m)	수첩	su-cheop
règle (f)	자	ja
calculatrice (f)	계산기	gye-san-gi
gomme (f)	지우개	ji-u-gae
punaise (f)	압정	ap-jeong
trombone (m)	클립	keul-lip
colle (f)	접착제	jeop-chak-je
agrafeuse (f)	호치키스	ho-chi-ki-seu
perforateur (m)	펀치	peon-chi
taille-crayon (m)	연필깎이	yeon-pil-kka-kki

82. Les types d'activités économiques

services (m pl) comptables	회계 서비스	hoe-gye seo-bi-seu
publicité (f), pub (f)	광고	gwang-go
agence (f) publicitaire	광고 회사	gwang-go hoe-sa
climatisation (m)	에어컨	e-eo-keon
compagnie (f) aérienne	항공사	hang-gong-sa
boissons (f pl) alcoolisées	주류	ju-ryu
antiquités (f pl)	골동품	gol-dong-pum
galerie (f) d'art	미술관	mi-sul-gwan
services (m pl) d'audition	회계 감사	hoe-gye gam-sa
banques (f pl)	금융업계	geu-myung-eop-gye
bar (m)	바	ba

salon (m) de beauté	미장원	mi-jang-won
librairie (f)	서점	seo-jeom
brasserie (f) (fabrique)	맥주 양조장	maek-ju yang-jo-jang
centre (m) d'affaires	비즈니스 센터	bi-jeu-ni-seu sen-teo
école (f) de commerce	비즈니스 스쿨	bi-jeu-ni-seu seu-kul
casino (m)	카지노	ka-ji-no
bâtiment (m)	건설	geon-seol
conseil (m)	컨설팅	keon-seol-ting
dentistes (pl)	치과 병원	chi-gwa byeong-won
design (m)	디자인	di-ja-in
pharmacie (f)	약국	yak-guk
pressing (m)	드라이 클리닝	deu-ra-i keul-li-ning
agence (f) de recrutement	직업 소개소	ji-geop so-gae-so
service (m) financier	재무 서비스	jae-mu seo-bi-seu
produits (m pl) alimentaires	식품	sik-pum
maison (f) funéraire	장례식장	jang-nye-sik-jang
meubles (m pl)	가구	ga-gu
vêtement (m)	옷	ot
hôtel (m)	호텔	ho-tel
glace (f)	아이스크림	a-i-seu-keu-rim
industrie (f)	산업, 공업	san-eop, gong-eop
assurance (f)	보험	bo-heom
Internet (m)	인터넷	in-teo-net
investissements (m pl)	투자	tu-ja
bijoutier (m)	보석 상인	bo-seok sang-in
bijouterie (f)	보석	bo-seok
blanchisserie (f)	세탁소	se-tak-so
service (m) juridique	법률컨설팅	beom-nyul-keon-seol-ting
industrie (f) légère	경공업	gyeong-gong-eop
revue (f)	잡지	jap-ji
médecine (f)	의학	ui-hak
cinéma (m)	영화관	yeong-hwa-gwan
musée (m)	박물관	bang-mul-gwan
agence (f) d'information	통신사	tong-sin-sa
journal (m)	신문	sin-mun
boîte (f) de nuit	나이트 클럽	na-i-teu keul-leop
pétrole (m)	석유	seo-gyu
coursiers (m pl)	문서 송달 회사	mun-seo song-dal hoe-sa
industrie (f) pharmaceutique	의약	ui-yak
imprimerie (f)	인쇄산업	in-swae-san-eop
maison (f) d'édition	출판사	chul-pan-sa
radio (f)	라디오	ra-di-o
immobilier (m)	부동산	bu-dong-san
restaurant (m)	레스토랑	re-seu-to-rang
agence (f) de sécurité	보안 회사	bo-an hoe-sa
sport (m)	스포츠	seu-po-cheu

bourse (f)	증권거래소	jeung-gwon-geo-rae-so
magasin (m)	가게, 상점	ga-ge, sang-jeom
supermarché (m)	슈퍼마켓	syu-peo-ma-ket
piscine (f)	수영장	su-yeong-jang
atelier (m) de couture	양복점	yang-bok-jeom
télévision (f)	텔레비전	tel-le-bi-jeon
théâtre (m)	극장	geuk-jang
commerce (m)	거래	geo-rae
sociétés de transport	운송	un-song
tourisme (m)	관광산업	gwan-gwang-sa-neop
vétérinaire (m)	수의사	su-ui-sa
entrepôt (m)	창고	chang-go
récupération (f) des déchets	쓰레기 수거	sseu-re-gi su-geo

Le travail. Les affaires. Partie 2

83. Les foires et les salons

salon (m)	전시회	jeon-si-hoe
salon (m) commercial	상품 전시회	sang-pum jeon-si-hoe
participation (f)	참가	cham-ga
participer à ...	참가하다	cham-ga-ha-da
participant (m)	참가자	cham-ga-ja
directeur (m)	대표이사	dae-pyo-i-sa
direction (f)	조직위원회	jo-ji-gwi-won-hoe
organisateur (m)	조직위원회	jo-ji-gwi-won-hoe
organiser (vt)	조직하다	jo-jik-a-da
demande (f) de participation	참가 신청서	cham-ga sin-cheong-seo
remplir (vt)	작성하다	jak-seong-ha-da
détails (m pl)	상세	sang-se
information (f)	정보	jeong-bo
prix (m)	가격	ga-gyeok
y compris	포함하여	po-ham-ha-yeo
inclure (~ les taxes)	포함하다	po-ham-ha-da
payer (régler)	지불하다	ji-bul-ha-da
droits (m pl) d'inscription	등록비	deung-nok-bi
entrée (f)	입구	ip-gu
pavillon (m)	전시실	jeon-si-sil
enregistrer (vt)	등록하다	deung-nok-a-da
badge (m)	명찰	myeong-chal
stand (m)	부스	bu-seu
réserver (vt)	예약하다	ye-yak-a-da
vitrine (f)	진열장	ji-nyeol-jang
lampe (f)	스포트라이트	seu-po-teu-ra-i-teu
design (m)	디자인	di-ja-in
mettre (placer)	배치하다	bae-chi-ha-da
distributeur (m)	배급업자	bae-geu-beop-ja
fournisseur (m)	공급자	gong-geup-ja
pays (m)	나라	na-ra
étranger (adj)	외국의	oe-gu-gui
produit (m)	제품	je-pum
association (f)	협회	hyeo-poe
salle (f) de conférences	회의장	hoe-ui-jang
congrès (m)	회의	hoe-ui

concours (m)	컨테스트	keon-te-seu-teu
visiteur (m)	방문객	bang-mun-gaek
visiter (vt)	방문하다	bang-mun-ha-da
client (m)	고객	go-gaek

84. La recherche scientifique et les chercheurs

science (f)	과학	gwa-hak
scientifique (adj)	과학의	gwa-ha-gui
savant (m)	과학자	gwa-hak-ja
théorie (f)	이론	i-ron
axiome (m)	공리	gong-ni
analyse (f)	분석	bun-seok
analyser (vt)	분석하다	bun-seok-a-da
argument (m)	주장	ju-jang
substance (f) (matière)	물질	mul-jil
hypothèse (f)	가설	ga-seol
dilemme (m)	딜레마	dil-le-ma
thèse (f)	학위 논문	ha-gwi non-mun
dogme (m)	도그마	do-geu-ma
doctrine (f)	학설	hak-seol
recherche (f)	연구	yeon-gu
rechercher (vt)	연구하다	yeon-gu-ha-da
test (m)	실험	sil-heom
laboratoire (m)	연구실	yeon-gu-sil
méthode (f)	방법	bang-beop
molécule (f)	분자	bun-ja
monitoring (m)	감시	gam-si
découverte (f)	발견	bal-gyeon
postulat (m)	공준	gong-jun
principe (m)	원칙	won-chik
prévision (f)	예상	ye-sang
prévoir (vt)	예상하다	ye-sang-ha-da
synthèse (f)	종합	jong-hap
tendance (f)	경향	gyeong-hyang
théorème (m)	정리	jeong-ni
enseignements (m pl)	가르침	ga-reu-chim
fait (m)	사실	sa-sil
expédition (f)	탐험	tam-heom
expérience (f)	실험	sil-heom
académicien (m)	아카데미 회원	a-ka-de-mi hoe-won
bachelier (m)	학사	hak-sa
docteur (m)	박사	bak-sa
chargé (m) de cours	부교수	bu-gyo-su
magistère (m)	석사	seok-sa
professeur (m)	교수	gyo-su

Les professions. Les métiers

85. La recherche d'emploi. Le licenciement

travail (m)	직업	ji-geop
personnel (m)	직원	ji-gwon
carrière (f)	경력	gyeong-nyeok
perspective (f)	전망	jeon-mang
maîtrise (f)	숙달	suk-dal
sélection (f)	선발	seon-bal
agence (f) de recrutement	직업 소개소	ji-geop so-gae-so
C.V. (m)	이력서	
entretien (m)	면접	myeon-jeop
emploi (m) vacant	결원	gyeo-rwon
salaire (m)	급여, 월급	geu-byeo, wol-geup
salaire (m) fixe	고정급	go-jeong-geup
rémunération (f)	급료	geum-nyo
poste (m) (~ évolutif)	직위	ji-gwi
fonction (f)	의무	ui-mu
liste (f) des fonctions	업무범위	eom-mu-beom-wi
occupé (adj)	바쁜	ba-ppeun
licencier (vt)	해고하다	hae-go-ha-da
licenciement (m)	해고	hae-go
chômage (m)	실업	si-reop
chômeur (m)	실업자	si-reop-ja
retraite (f)	은퇴	eun-toe
prendre sa retraite	은퇴하다	eun-toe-ha-da

86. Les hommes d'affaires

directeur (m)	사장	sa-jang
gérant (m)	지배인	ji-bae-in
patron (m)	상사	sang-sa
supérieur (m)	상사	sang-sa
supérieurs (m pl)	상사	sang-sa
président (m)	회장	hoe-jang
président (m) (d'entreprise)	의장	ui-jang
adjoint (m)	부 …	bu …
assistant (m)	조수	jo-su
secrétaire (m, f)	비서	bi-seo

secrétaire (m, f) personnel	개인 비서	gae-in bi-seo
homme (m) d'affaires	사업가	sa-eop-ga
entrepreneur (m)	사업가	sa-eop-ga
fondateur (m)	설립자	seol-lip-ja
fonder (vt)	설립하다	seol-li-pa-da
fondateur (m)	설립자	seol-lip-ja
partenaire (m)	파트너	pa-teu-neo
actionnaire (m)	주주	ju-ju
millionnaire (m)	백만장자	baeng-man-jang-ja
milliardaire (m)	억만장자	eong-man-jang-ja
propriétaire (m)	소유자	so-yu-ja
propriétaire (m) foncier	토지 소유자	to-ji so-yu-ja
client (m)	고객	go-gaek
client (m) régulier	단골	dan-gol
acheteur (m)	구매자	gu-mae-ja
visiteur (m)	방문객	bang-mun-gaek
professionnel (m)	전문가	jeon-mun-ga
expert (m)	전문가	jeon-mun-ga
spécialiste (m)	전문가	jeon-mun-ga
banquier (m)	은행가	eun-haeng-ga
courtier (m)	브로커	beu-ro-keo
caissier (m)	계산원	gye-san-won
comptable (m)	회계사	hoe-gye-sa
agent (m) de sécurité	보안요원	bo-a-nyo-won
investisseur (m)	투자가	tu-ja-ga
débiteur (m)	채무자	chae-mu-ja
créancier (m)	빚쟁이	bit-jaeng-i
emprunteur (m)	차용인	cha-yong-in
importateur (m)	수입업자	su-i-beop-ja
exportateur (m)	수출업자	su-chu-reop-ja
producteur (m)	생산자	saeng-san-ja
distributeur (m)	배급업자	bae-geu-beop-ja
intermédiaire (m)	중간상인	jung-gan-sang-in
conseiller (m)	컨설턴트	keon-seol-teon-teu
représentant (m)	판매 대리인	pan-mae dae-ri-in
agent (m)	중개인	jung-gae-in
agent (m) d'assurances	보험설계사	bo-heom-seol-gye-sa

87. Les métiers des services

cuisinier (m)	요리사	yo-ri-sa
cuisinier (m) en chef	주방장	ju-bang-jang
boulanger (m)	제빵사	je-ppang-sa
barman (m)	바텐더	ba-ten-deo

serveur (m)	웨이터	we-i-teo
serveuse (f)	웨이트리스	we-i-teu-ri-seu
avocat (m)	변호사	byeon-ho-sa
juriste (m)	법률고문	beom-nyul-go-mun
notaire (m)	공증인	gong-jeung-in
électricien (m)	전기 기사	jeon-gi gi-sa
plombier (m)	배관공	bae-gwan-gong
charpentier (m)	목수	mok-su
masseur (m)	안마사	an-ma-sa
masseuse (f)	안마사	an-ma-sa
médecin (m)	의사	ui-sa
chauffeur (m) de taxi	택시 운전 기사	taek-si un-jeon gi-sa
chauffeur (m)	운전 기사	un-jeon gi-sa
livreur (m)	배달원	bae-da-rwon
femme (f) de chambre	객실 청소부	gaek-sil cheong-so-bu
agent (m) de sécurité	보안요원	bo-a-nyo-won
hôtesse (f) de l'air	승무원	seung-mu-won
professeur (m)	선생님	seon-saeng-nim
bibliothécaire (m)	사서	sa-seo
traducteur (m)	번역가	beo-nyeok-ga
interprète (m)	통역가	tong-yeok-ga
guide (m)	가이드	ga-i-deu
coiffeur (m)	미용사	mi-yong-sa
facteur (m)	우체부	u-che-bu
vendeur (m)	점원	jeom-won
jardinier (m)	정원사	jeong-won-sa
serviteur (m)	하인	ha-in
servante (f)	하녀	ha-nyeo
femme (f) de ménage	청소부	cheong-so-bu

88. Les professions militaires et leurs grades

soldat (m) (grade)	일병	il-byeong
sergent (m)	병장	byeong-jang
lieutenant (m)	중위	jung-wi
capitaine (m)	대위	dae-wi
commandant (m)	소령	so-ryeong
colonel (m)	대령	dae-ryeong
général (m)	장군	jang-gun
maréchal (m)	원수	won-su
amiral (m)	제독	je-dok
militaire (m)	군인	gun-in
soldat (m)	군인	gun-in
officier (m)	장교	jang-gyo

commandant (m)	사령관	sa-ryeong-gwan
garde-frontière (m)	국경 수비대원	guk-gyeong su-bi-dae-won
opérateur (m) radio	무선 기사	mu-seon gi-sa
éclaireur (m)	정찰병	jeong-chal-byeong
démineur (m)	공병대원	gong-byeong-dae-won
tireur (m)	사수	sa-su
navigateur (m)	항법사	hang-beop-sa

89. Les fonctionnaires. Les prêtres

roi (m)	왕	wang
reine (f)	여왕	yeo-wang
prince (m)	왕자	wang-ja
princesse (f)	공주	gong-ju
tsar (m)	차르	cha-reu
tsarine (f)	여황제	yeo-hwang-je
président (m)	대통령	dae-tong-nyeong
ministre (m)	장관	jang-gwan
premier ministre (m)	총리	chong-ni
sénateur (m)	상원의원	sang-won-ui-won
diplomate (m)	외교관	oe-gyo-gwan
consul (m)	영사	yeong-sa
ambassadeur (m)	대사	dae-sa
conseiller (m)	고문관	go-mun-gwan
fonctionnaire (m)	공무원	gong-mu-won
préfet (m)	도지사, 현감	do-ji-sa, hyeon-gam
maire (m)	시장	si-jang
juge (m)	판사	pan-sa
procureur (m)	검사	geom-sa
missionnaire (m)	선교사	seon-gyo-sa
moine (m)	수도사	su-do-sa
abbé (m)	수도원장	su-do-won-jang
rabbin (m)	랍비	rap-bi
vizir (m)	고관	go-gwan
shah (m)	샤	sya
cheik (m)	셰이크	sye-i-keu

90. Les professions agricoles

apiculteur (m)	양봉가	yang-bong-ga
berger (m)	목동	mok-dong
agronome (m)	농학자	nong-hak-ja
éleveur (m)	목축업자	mok-chu-geop-ja
vétérinaire (m)	수의사	su-ui-sa

fermier (m)	농부	nong-bu
vinificateur (m)	포도주 제조자	po-do-ju je-jo-ja
zoologiste (m)	동물학자	dong-mul-hak-ja
cow-boy (m)	카우보이	ka-u-bo-i

91. Les professions artistiques

acteur (m)	배우	bae-u
actrice (f)	여배우	yeo-bae-u
chanteur (m)	가수	ga-su
cantatrice (f)	여가수	yeo-ga-su
danseur (m)	무용가	mu-yong-ga
danseuse (f)	여성 무용가	yeo-seong mu-yong-ga
artiste (m)	공연자	gong-yeon-ja
artiste (f)	여성 공연자	yeo-seong gong-yeon-ja
musicien (m)	음악가	eum-ak-ga
pianiste (m)	피아니스트	pi-a-ni-seu-teu
guitariste (m)	기타 연주자	gi-ta yeon-ju-ja
chef (m) d'orchestre	지휘자	ji-hwi-ja
compositeur (m)	작곡가	jak-gok-ga
imprésario (m)	기획자	gi-hoek-ja
metteur (m) en scène	영화감독	yeong-hwa-gam-dok
producteur (m)	제작자	je-jak-ja
scénariste (m)	시나리오 작가	si-na-ri-o jak-ga
critique (m)	미술 비평가	mi-sul bi-pyeong-ga
écrivain (m)	작가	jak-ga
poète (m)	시인	si-in
sculpteur (m)	조각가	jo-gak-ga
peintre (m)	화가	hwa-ga
jongleur (m)	저글러	jeo-geul-leo
clown (m)	어릿광대	eo-rit-gwang-dae
acrobate (m)	곡예사	go-gye-sa
magicien (m)	마술사	ma-sul-sa

92. Les différents métiers

médecin (m)	의사	ui-sa
infirmière (f)	간호사	gan-ho-sa
psychiatre (m)	정신과 의사	jeong-sin-gwa ui-sa
stomatologue (m)	치과 의사	chi-gwa ui-sa
chirurgien (m)	외과 의사	oe-gwa ui-sa
astronaute (m)	우주비행사	u-ju-bi-haeng-sa
astronome (m)	천문학자	cheon-mun-hak-ja

chauffeur (m)	운전 기사	un-jeon gi-sa
conducteur (m) de train	기관사	gi-gwan-sa
mécanicien (m)	정비공	jeong-bi-gong
mineur (m)	광부	gwang-bu
ouvrier (m)	노동자	no-dong-ja
serrurier (m)	자물쇠공	ja-mul-soe-gong
menuisier (m)	목수	mok-su
tourneur (m)	선반공	seon-ban-gong
ouvrier (m) du bâtiment	공사장 인부	gong-sa-jang in-bu
soudeur (m)	용접공	yong-jeop-gong
professeur (m) (titre)	교수	gyo-su
architecte (m)	건축가	geon-chuk-ga
historien (m)	역사학자	yeok-sa-hak-ja
savant (m)	과학자	gwa-hak-ja
physicien (m)	물리학자	mul-li-hak-ja
chimiste (m)	화학자	hwa-hak-ja
archéologue (m)	고고학자	go-go-hak-ja
géologue (m)	지질학자	ji-jil-hak-ja
chercheur (m)	연구원	yeon-gu-won
baby-sitter (m, f)	애기보는 사람	ae-gi-bo-neun sa-ram
pédagogue (m, f)	교사	gyo-sa
rédacteur (m)	편집자	pyeon-jip-ja
rédacteur (m) en chef	편집장	pyeon-jip-jang
correspondant (m)	통신원	tong-sin-won
dactylographe (f)	타이피스트	ta-i-pi-seu-teu
designer (m)	디자이너	di-ja-i-neo
informaticien (m)	컴퓨터 전문가	keom-pyu-teo jeon-mun-ga
programmeur (m)	프로그래머	peu-ro-geu-rae-meo
ingénieur (m)	엔지니어	en-ji-ni-eo
marin (m)	선원	seon-won
matelot (m)	수부	su-bu
secouriste (m)	구조자	gu-jo-ja
pompier (m)	소방관	so-bang-gwan
policier (m)	경찰관	gyeong-chal-gwan
veilleur (m) de nuit	경비원	gyeong-bi-won
détective (m)	형사	hyeong-sa
douanier (m)	세관원	se-gwan-won
garde (m) du corps	경호원	gyeong-ho-won
gardien (m) de prison	간수	gan-su
inspecteur (m)	감독관	gam-dok-gwan
sportif (m)	스포츠맨	seu-po-cheu-maen
entraîneur (m)	코치	ko-chi
boucher (m)	정육점 주인	jeong-yuk-jeom ju-in
cordonnier (m)	구둣방	gu-dut-bang
commerçant (m)	상인	sang-in
chargeur (m)	하역부	ha-yeok-bu

couturier (m)	패션 디자이너	pae-syeon di-ja-i-neo
modèle (f)	모델	mo-del

93. Les occupations. Le statut social

écolier (m)	남학생	nam-hak-saeng
étudiant (m)	대학생	dae-hak-saeng
philosophe (m)	철학자	cheol-hak-ja
économiste (m)	경제 학자	gyeong-je hak-ja
inventeur (m)	발명가	bal-myeong-ga
chômeur (m)	실업자	si-reop-ja
retraité (m)	은퇴자	eun-toe-ja
espion (m)	비밀요원	bi-mi-ryo-won
prisonnier (m)	죄수	joe-su
gréviste (m)	파업자	pa-eop-ja
bureaucrate (m)	관료	gwal-lyo
voyageur (m)	여행자	yeo-haeng-ja
homosexuel (m)	동성애자	dong-seong-ae-ja
hacker (m)	해커	hae-keo
bandit (m)	산적	san-jeok
tueur (m) à gages	살인 청부업자	sa-rin cheong-bu-eop-ja
drogué (m)	마약 중독자	ma-yak jung-dok-ja
trafiquant (m) de drogue	마약 밀매자	ma-yak mil-mae-ja
prostituée (f)	매춘부	mae-chun-bu
souteneur (m)	포주	po-ju
sorcier (m)	마법사	ma-beop-sa
sorcière (f)	여자 마법사	yeo-ja ma-beop-sa
pirate (m)	해적	hae-jeok
esclave (m)	노예	no-ye
samouraï (m)	사무라이	sa-mu-ra-i
sauvage (m)	야만인	ya-man-in

L'éducation

94. L'éducation

école (f)	학교	hak-gyo
directeur (m) d'école	교장	gyo-jang
élève (m)	남학생	nam-hak-saeng
élève (f)	여학생	yeo-hak-saeng
écolier (m)	남학생	nam-hak-saeng
écolière (f)	여학생	yeo-hak-saeng
enseigner (vt)	가르치다	ga-reu-chi-da
apprendre (~ l'arabe)	배우다	bae-u-da
apprendre par cœur	암기하다	am-gi-ha-da
apprendre (à faire qch)	배우다	bae-u-da
être étudiant, -e	재학 중이다	jae-hak jung-i-da
aller à l'école	학교에 가다	hak-gyo-e ga-da
alphabet (m)	알파벳	al-pa-bet
matière (f)	과목	gwa-mok
salle (f) de classe	교실	gyo-sil
leçon (f)	수업	su-eop
récréation (f)	쉬는 시간	swi-neun si-gan
sonnerie (f)	수업종	su-eop-jong
pupitre (m)	학교 책상	hak-gyo chaek-sang
tableau (m) noir	칠판	chil-pan
note (f)	성적	seong-jeok
bonne note (f)	좋은 성적	jo-eun seong-jeok
mauvaise note (f)	나쁜 성적	na-ppeun seong-jeok
donner une note	성적을 매기다	seong-jeo-geul mae-gi-da
faute (f)	실수	sil-su
faire des fautes	실수하다	sil-su-ha-da
corriger (une erreur)	고치다	go-chi-da
antisèche (f)	커닝 페이퍼	keo-ning pe-i-peo
devoir (m)	숙제	suk-je
exercice (m)	연습 문제	yeon-seup mun-je
être présent	출석하다	chul-seok-a-da
être absent	결석하다	gyeol-seok-a-da
punir (vt)	처벌하다	cheo-beol-ha-da
punition (f)	벌	beol
conduite (f)	처신	cheo-sin

carnet (m) de notes	성적표	seong-jeok-pyo
crayon (m)	연필	yeon-pil
gomme (f)	지우개	ji-u-gae
craie (f)	분필	bun-pil
plumier (m)	필통	pil-tong
cartable (m)	책가방	chaek-ga-bang
stylo (m)	펜	pen
cahier (m)	노트	no-teu
manuel (m)	교과서	gyo-gwa-seo
compas (m)	컴퍼스	keom-peo-seu
dessiner (~ un plan)	제도하다	je-do-ha-da
dessin (m) technique	건축 도면	geon-chuk do-myeon
poésie (f)	시	si
par cœur (adv)	외워서	oe-wo-seo
apprendre par cœur	암기하다	am-gi-ha-da
vacances (f pl)	학교 방학	bang-hak
être en vacances	방학 중이다	bang-hak jung-i-da
interrogation (f) écrite	필기 시험	pil-gi si-heom
composition (f)	논술	non-sul
dictée (f)	받아쓰기 시험	ba-da-sseu-gi si-heom
examen (m)	시험	si-heom
passer les examens	시험을 보다	si-heo-meul bo-da
expérience (f) (~ de chimie)	실험	sil-heom

95. L'enseignement supérieur

académie (f)	아카데미	a-ka-de-mi
université (f)	대학교	dae-hak-gyo
faculté (f)	교수진	gyo-su-jin
étudiant (m)	대학생	dae-hak-saeng
étudiante (f)	여대생	yeo-dae-saeng
enseignant (m)	강사	gang-sa
salle (f)	교실	gyo-sil
licencié (m)	졸업생	jo-reop-saeng
diplôme (m)	졸업증	jo-reop-jeung
thèse (f)	학위 논문	ha-gwi non-mun
étude (f)	연구	yeon-gu
laboratoire (m)	연구실	yeon-gu-sil
cours (m)	강의	gang-ui
camarade (m) de cours	대학 동급생	dae-hak dong-geup-saeng
bourse (f)	장학금	jang-hak-geum
grade (m) universitaire	학위	ha-gwi

96. Les disciplines scientifiques

mathématiques (f pl)	수학	su-hak
algèbre (f)	대수학	dae-su-hak
géométrie (f)	기하학	gi-ha-hak
astronomie (f)	천문학	cheon-mun-hak
biologie (f)	생물학	saeng-mul-hak
géographie (f)	지리학	ji-ri-hak
géologie (f)	지질학	ji-jil-hak
histoire (f)	역사학	yeok-sa-hak
médecine (f)	의학	ui-hak
pédagogie (f)	교육학	gyo-yuk-ak
droit (m)	법학	beo-pak
physique (f)	물리학	mul-li-hak
chimie (f)	화학	hwa-hak
philosophie (f)	철학	cheol-hak
psychologie (f)	심리학	sim-ni-hak

97. Le systéme d'écriture et l'orthographe

grammaire (f)	문법	mun-beop
vocabulaire (m)	어휘	eo-hwi
phonétique (f)	음성학	eum-seong-hak
nom (m)	명사	myeong-sa
adjectif (m)	형용사	hyeong-yong-sa
verbe (m)	동사	dong-sa
adverbe (m)	부사	bu-sa
pronom (m)	대명사	dae-myeong-sa
interjection (f)	감탄사	gam-tan-sa
préposition (f)	전치사	jeon-chi-sa
racine (f)	어근	eo-geun
terminaison (f)	어미	eo-mi
préfixe (m)	접두사	jeop-du-sa
syllabe (f)	음절	eum-jeol
suffixe (m)	접미사	jeom-mi-sa
accent (m) tonique	강세	gang-se
apostrophe (f)	아포스트로피	a-po-seu-teu-ro-pi
point (m)	마침표	ma-chim-pyo
virgule (f)	쉼표	swim-pyo
point (m) virgule	세미콜론	se-mi-kol-lon
deux-points (m)	콜론	kol-lon
points (m pl) de suspension	말줄임표	mal-ju-rim-pyo
point (m) d'interrogation	물음표	mu-reum-pyo
point (m) d'exclamation	느낌표	neu-kkim-pyo

guillemets (m pl)	따옴표	tta-om-pyo
entre guillemets	따옴표 안에	tta-om-pyo a-ne
parenthèses (f pl)	괄호	gwal-ho
entre parenthèses	괄호 속에	gwal-ho so-ge
trait (m) d'union	하이픈	ha-i-peun
tiret (m)	대시	jul-pyo
blanc (m)	공백 문자	gong-baek mun-ja
lettre (f)	글자	geul-ja
majuscule (f)	대문자	dae-mun-ja
voyelle (f)	모음	mo-eum
consonne (f)	자음	ja-eum
proposition (f)	문장	mun-jang
sujet (m)	주어	ju-eo
prédicat (m)	서술어	seo-su-reo
ligne (f)	줄	jul
à la ligne	줄을 바꾸어	ju-reul ba-kku-eo
paragraphe (m)	단락	dal-lak
mot (m)	단어	dan-eo
groupe (m) de mots	문구	mun-gu
expression (f)	표현	pyo-hyeon
synonyme (m)	동의어	dong-ui-eo
antonyme (m)	반의어	ban-ui-eo
règle (f)	규칙	gyu-chik
exception (f)	예외	ye-oe
correct (adj)	맞는	man-neun
conjugaison (f)	활용	hwa-ryong
déclinaison (f)	어형 변화	eo-hyeong byeon-hwa
cas (m)	격	gyeok
question (f)	질문	jil-mun
souligner (vt)	밑줄을 긋다	mit-ju-reul geut-da
pointillé (m)	점선	jeom-seon

98. Les langues étrangères

langue (f)	언어	eon-eo
langue (f) étrangère	외국어	oe-gu-geo
étudier (vt)	공부하다	gong-bu-ha-da
apprendre (~ l'arabe)	배우다	bae-u-da
lire (vi, vt)	읽다	ik-da
parler (vi, vt)	말하다	mal-ha-da
comprendre (vt)	이해하다	i-hae-ha-da
écrire (vt)	쓰다	sseu-da
vite (adv)	빨리	ppal-li
lentement (adv)	천천히	cheon-cheon-hi

couramment (adv)	유창하게	yu-chang-ha-ge
règles (f pl)	규칙	gyu-chik
grammaire (f)	문법	mun-beop
vocabulaire (m)	어휘	eo-hwi
phonétique (f)	음성학	eum-seong-hak
manuel (m)	교과서	gyo-gwa-seo
dictionnaire (m)	사전	sa-jeon
manuel (m) autodidacte	자습서	ja-seup-seo
guide (m) de conversation	회화집	hoe-hwa-jip
cassette (f)	테이프	te-i-peu
cassette (f) vidéo	비디오테이프	bi-di-o-te-i-peu
CD (m)	씨디	ssi-di
DVD (m)	디비디	di-bi-di
alphabet (m)	알파벳	al-pa-bet
épeler (vt)	... 의 철자이다	... ui cheol-ja-i-da
prononciation (f)	발음	ba-reum
accent (m)	악센트	ak-sen-teu
avec un accent	사투리로	sa-tu-ri-ro
sans accent	억양 없이	eo-gyang eop-si
mot (m)	단어	dan-eo
sens (m)	의미	ui-mi
cours (m pl)	강좌	gang-jwa
s'inscrire (vp)	등록하다	deung-nok-a-da
professeur (m) (~ d'anglais)	강사	gang-sa
traduction (f) (action)	번역	beo-nyeok
traduction (f) (texte)	번역	beo-nyeok
traducteur (m)	번역가	beo-nyeok-ga
interprète (m)	통역가	tong-yeok-ga
polyglotte (m)	수개 국어를 말하는 사람	su-gae gu-geo-reul mal-ha-neun sa-ram
mémoire (f)	기억력	gi-eong-nyeok

Les loisirs. Les voyages

99. Les voyages. Les excursions

tourisme (m)	관광	gwan-gwang
touriste (m)	관광객	gwan-gwang-gaek
voyage (m) (à l'étranger)	여행	yeo-haeng
aventure (f)	모험	mo-heom
voyage (m)	여행	yeo-haeng
vacances (f pl)	휴가	hyu-ga
être en vacances	휴가 중이다	hyu-ga jung-i-da
repos (m) (jours de ~)	휴양	hyu-yang
train (m)	기차	gi-cha
en train	기차로	gi-cha-ro
avion (m)	비행기	bi-haeng-gi
en avion	비행기로	bi-haeng-gi-ro
en voiture	자동차로	ja-dong-cha-ro
en bateau	배로	bae-ro
bagage (m)	짐, 수하물	jim, su-ha-mul
malle (f)	여행 가방	yeo-haeng ga-bang
chariot (m)	수하물 카트	su-ha-mul ka-teu
passeport (m)	여권	yeo-gwon
visa (m)	비자	bi-ja
ticket (m)	표	pyo
billet (m) d'avion	비행기표	bi-haeng-gi-pyo
guide (m) (livre)	여행 안내서	yeo-haeng an-nae-seo
carte (f)	지도	ji-do
région (f) (~ rurale)	지역	ji-yeok
endroit (m)	곳	got
exotisme (m)	이국	i-guk
exotique (adj)	이국적인	i-guk-jeo-gin
étonnant (adj)	놀라운	nol-la-un
groupe (m)	무리	mu-ri
excursion (f)	견학, 관광	gyeon-hak, gwan-gwang
guide (m) (personne)	가이드	ga-i-deu

100. L'hôtel

hôtel (m), auberge (f)	호텔	ho-tel
motel (m)	모텔	mo-tel
3 étoiles	3성급	sam-seong-geub

5 étoiles	5성급	o-seong-geub
descendre (à l'hôtel)	머무르다	meo-mu-reu-da
chambre (f)	객실	gaek-sil
chambre (f) simple	일인실	i-rin-sil
chambre (f) double	더블룸	deo-beul-lum
réserver une chambre	방을 예약하다	bang-eul rye-yak-a-da
demi-pension (f)	하숙	ha-suk
pension (f) complète	식사 제공	sik-sa je-gong
avec une salle de bain	욕조가 있는	yok-jo-ga in-neun
avec une douche	샤워가 있는	sya-wo-ga in-neun
télévision (f) par satellite	위성 텔레비전	wi-seong tel-le-bi-jeon
climatiseur (m)	에어컨	e-eo-keon
serviette (f)	수건	su-geon
clé (f)	열쇠	yeol-soe
administrateur (m)	관리자	gwal-li-ja
femme (f) de chambre	객실 청소부	gaek-sil cheong-so-bu
porteur (m)	포터	po-teo
portier (m)	도어맨	do-eo-maen
restaurant (m)	레스토랑	re-seu-to-rang
bar (m)	바	ba
petit déjeuner (m)	아침식사	a-chim-sik-sa
dîner (m)	저녁식사	jeo-nyeok-sik-sa
buffet (m)	뷔페	bwi-pe
hall (m)	로비	ro-bi
ascenseur (m)	엘리베이터	el-li-be-i-teo
PRIÈRE DE NE PAS DÉRANGER	방해하지 마세요	bang-hae-ha-ji ma-se-yo
DÉFENSE DE FUMER	금연	geu-myeon

LE MATÉRIEL TECHNIQUE. LES TRANSPORTS

Le matériel technique

101. L'informatique

ordinateur (m)	컴퓨터	keom-pyu-teo
PC (m) portable	노트북	no-teu-buk
allumer (vt)	켜다	kyeo-da
éteindre (vt)	끄다	kkeu-da
clavier (m)	키보드	ki-bo-deu
touche (f)	키	ki
souris (f)	마우스	ma-u-seu
tapis (m) de souris	마우스 패드	ma-u-seu pae-deu
bouton (m)	버튼	beo-teun
curseur (m)	커서	keo-seo
moniteur (m)	모니터	mo-ni-teo
écran (m)	화면, 스크린	hwa-myeon
disque (m) dur	하드 디스크	ha-deu di-seu-keu
capacité (f) du disque dur	하드 디스크 용량	ha-deu di-seu-keu yong-nyang
mémoire (f)	메모리	me-mo-ri
mémoire (f) vive	램	raem
fichier (m)	파일	pa-il
dossier (m)	폴더	pol-deo
ouvrir (vt)	열다	yeol-da
fermer (vt)	닫다	dat-da
sauvegarder (vt)	저장하다	jeo-jang-ha-da
supprimer (vt)	삭제하다	sak-je-ha-da
copier (vt)	복사하다	bok-sa-ha-da
trier (vt)	정렬하다	jeong-nyeol-ha-da
copier (vt)	전송하다	jeon-song-ha-da
programme (m)	프로그램	peu-ro-geu-raem
logiciel (m)	소프트웨어	so-peu-teu-we-eo
programmeur (m)	프로그래머	peu-ro-geu-rae-meo
programmer (vt)	프로그램을 작성하다	peu-ro-geu-rae-meul jak-seong-ha-da
hacker (m)	해커	hae-keo
mot (m) de passe	비밀번호	bi-mil-beon-ho
virus (m)	바이러스	ba-i-reo-seu

découvrir (détecter)	발견하다	bal-gyeon-ha-da
bit (m)	바이트	ba-i-teu
mégabit (m)	메가바이트	me-ga-ba-i-teu
données (f pl)	데이터	de-i-teo
base (f) de données	데이터베이스	de-i-teo-be-i-seu
câble (m)	케이블	ke-i-beul
déconnecter (vt)	연결해제하다	yeon-gyeol-hae-je-ha-da
connecter (vt)	연결하다	yeon-gyeol-ha-da

102. L'Internet. Le courrier électronique

Internet (m)	인터넷	in-teo-net
navigateur (m)	브라우저	beu-ra-u-jeo
moteur (m) de recherche	검색 엔진	geom-saek gen-jin
fournisseur (m) d'accès	인터넷 서비스 제공자	in-teo-net seo-bi-seu je-gong-ja
administrateur (m) de site	웹마스터	wem-ma-seu-teo
site (m) web	웹사이트	wep-sa-i-teu
page (f) web	웹페이지	wep-pe-i-ji
adresse (f)	주소	ju-so
carnet (m) d'adresses	주소록	ju-so-rok
boîte (f) de réception	우편함	u-pyeon-ham
courrier (m)	메일	me-il
message (m)	메시지	me-si-ji
expéditeur (m)	발송인	bal-song-in
envoyer (vt)	보내다	bo-nae-da
envoi (m)	발송	bal-song
destinataire (m)	수신인	su-sin-in
recevoir (vt)	받다	bat-da
correspondance (f)	서신 교환	seo-sin gyo-hwan
être en correspondance	편지를 주고 받다	pyeon-ji-reul ju-go bat-da
fichier (m)	파일	pa-il
télécharger (vt)	다운받다	da-un-bat-da
créer (vt)	창조하다	chang-jo-ha-da
supprimer (vt)	삭제하다	sak-je-ha-da
supprimé (adj)	삭제된	sak-je-doen
connexion (f) (ADSL, etc.)	연결	yeon-gyeol
vitesse (f)	속도	sok-do
accès (m)	접속	jeop-sok
port (m)	포트	po-teu
connexion (f) (établir la ~)	연결	yeon-gyeol
se connecter à ...	... 에 연결하다	... e yeon-gyeol-ha-da
sélectionner (vt)	선택하다	seon-taek-a-da
rechercher (vt)	... 를 검색하다	... reul geom-saek-a-da

103. L'électricité

électricité (f)	전기	jeon-gi
électrique (adj)	전기의	jeon-gi-ui
centrale (f) électrique	발전소	bal-jeon-so
énergie (f)	에너지	e-neo-ji
énergie (f) électrique	전력	jeol-lyeok
ampoule (f)	전구	jeon-gu
torche (f)	손전등	son-jeon-deung
réverbère (m)	가로등	ga-ro-deung
lumière (f)	전깃불	jeon-git-bul
allumer (vt)	켜다	kyeo-da
éteindre (vt)	끄다	kkeu-da
éteindre la lumière	불을 끄다	bu-reul kkeu-da
être grillé	끊어지다	kkeu-neo-ji-da
court-circuit (m)	쇼트	syo-teu
rupture (f)	절단	jeol-dan
contact (m)	접촉	jeop-chok
interrupteur (m)	스위치	seu-wi-chi
prise (f)	소켓	so-ket
fiche (f)	플러그	peul-leo-geu
rallonge (f)	연장 코드	yeon-jang ko-deu
fusible (m)	퓨즈	pyu-jeu
fil (m)	전선	jeon-seon
installation (f) électrique	배선	bae-seon
ampère (m)	암페어	am-pe-eo
intensité (f) du courant	암페어수	am-pe-eo-su
volt (m)	볼트	bol-teu
tension (f)	전압	jeon-ap
appareil (m) électrique	전기기구	jeon-gi-gi-gu
indicateur (m)	센서	sen-seo
électricien (m)	전기 기사	jeon-gi gi-sa
souder (vt)	납땜하다	nap-ttaem-ha-da
fer (m) à souder	납땜인두	nap-ttaem-in-du
courant (m)	전류	jeol-lyu

104. Les outils

outil (m)	공구	gong-gu
outils (m pl)	공구	gong-gu
équipement (m)	장비	jang-bi
marteau (m)	망치	mang-chi
tournevis (m)	나사돌리개	na-sa-dol-li-gae
hache (f)	도끼	do-kki

scie (f)	톱	top
scier (vt)	톱을 켜다	to-beul kyeo-da
rabot (m)	대패	dae-pae
raboter (vt)	대패질하다	dae-pae-jil-ha-da
fer (m) à souder	납땜인두	nap-ttaem-in-du
souder (vt)	납땜하다	nap-ttaem-ha-da
lime (f)	줄	jul
tenailles (f pl)	집게	jip-ge
pince (f) plate	펜치	pen-chi
ciseau (m)	끌	kkeul
foret (m)	드릴 비트	deu-ril bi-teu
perceuse (f)	전동 드릴	jeon-dong deu-ril
percer (vt)	뚫다	ttul-ta
couteau (m)	칼, 나이프	kal, na-i-peu
canif (m)	주머니칼	ju-meo-ni-kal
pliant (adj)	접이식의	jeo-bi-si-gui
lame (f)	칼날	kal-lal
bien affilé (adj)	날카로운	nal-ka-ro-un
émoussé (adj)	무딘	mu-din
s'émousser (vp)	무뎌지다	mu-dyeo-ji-da
affiler (vt)	갈다	gal-da
boulon (m)	볼트	bol-teu
écrou (m)	너트	neo-teu
filetage (m)	나사산	na-sa-san
vis (f) à bois	나사못	na-sa-mot
clou (m)	못	mot
tête (f) de clou	못대가리	mot-dae-ga-ri
règle (f)	자	ja
mètre (m) à ruban	줄자	jul-ja
niveau (m) à bulle	수준기	su-jun-gi
loupe (f)	돋보기	dot-bo-gi
appareil (m) de mesure	계측기	gye-cheuk-gi
mesurer (vt)	측정하다	cheuk-jeong-ha-da
échelle (f) (~ métrique)	눈금	nun-geum
relevé (m)	판독값	pan-dok-gap
compresseur (m)	컴프레서	keom-peu-re-seo
microscope (m)	현미경	hyeon-mi-gyeong
pompe (f)	펌프	peom-peu
robot (m)	로봇	ro-bot
laser (m)	레이저	re-i-jeo
clé (f) de serrage	스패너	seu-pae-neo
ruban (m) adhésif	스카치 테이프	seu-ka-chi te-i-peu
colle (f)	접착제	jeop-chak-je
papier (m) d'émeri	사포	sa-po
aimant (m)	자석	ja-seok

gants (m pl)	장갑	jang-gap
corde (f)	밧줄	bat-jul
cordon (m)	끈	kkeun
fil (m) (~ électrique)	전선	jeon-seon
câble (m)	케이블	ke-i-beul
masse (f)	슬레지해머	seul-le-ji-hae-meo
pic (m)	쇠지레	soe-ji-re
escabeau (m)	사다리	sa-da-ri
échelle (f) double	접사다리	jeop-sa-da-ri
visser (vt)	돌려서 조이다	dol-lyeo-seo jo-i-da
dévisser (vt)	열리다	yeol-li-da
serrer (vt)	조이다	jo-i-da
coller (vt)	붙이다	bu-chi-da
couper (vt)	자르다	ja-reu-da
défaut (m)	고장	go-jang
réparation (f)	수리	su-ri
réparer (vt)	보수하다	bo-su-ha-da
régler (vt)	조절하다	jo-jeol-ha-da
vérifier (vt)	확인하다	hwa-gin-ha-da
vérification (f)	확인	hwa-gin
relevé (m)	판독값	pan-dok-gap
fiable (machine ~)	믿을 만한	mi-deul man-han
complexe (adj)	복잡한	bok-ja-pan
rouiller (vi)	녹이 슬다	no-gi seul-da
rouillé (adj)	녹이 슨	no-gi seun
rouille (f)	녹	nok

Les transports

105. L'avion

avion (m)	비행기	bi-haeng-gi
billet (m) d'avion	비행기표	bi-haeng-gi-pyo
compagnie (f) aérienne	항공사	hang-gong-sa
aéroport (m)	공항	gong-hang
supersonique (adj)	초음속의	cho-eum-so-gui
pilote (m)	비행사	bi-haeng-sa
hôtesse (f) de l'air	승무원	seung-mu-won
navigateur (m)	항법사	hang-beop-sa
ailes (f pl)	날개	nal-gae
queue (f)	꼬리	kko-ri
cabine (f)	조종석	jo-jong-seok
moteur (m)	엔진	en-jin
train (m) d'atterrissage	착륙 장치	chang-nyuk jang-chi
turbine (f)	터빈	teo-bin
hélice (f)	추진기	chu-jin-gi
boîte (f) noire	블랙박스	beul-laek-bak-seu
gouvernail (m)	조종간	jo-jong-gan
carburant (m)	연료	yeol-lyo
consigne (f) de sécurité	안전 안내서	an-jeon an-nae-seo
masque (m) à oxygène	산소 마스크	san-so ma-seu-keu
uniforme (m)	제복	je-bok
gilet (m) de sauvetage	구명조끼	gu-myeong-jo-kki
parachute (m)	낙하산	nak-a-san
décollage (m)	이륙	i-ryuk
décoller (vi)	이륙하다	i-ryuk-a-da
piste (f) de décollage	활주로	hwal-ju-ro
visibilité (f)	시계	si-gye
vol (m) (~ d'oiseau)	비행	bi-haeng
altitude (f)	고도	go-do
trou (m) d'air	에어 포켓	e-eo po-ket
place (f)	자리	ja-ri
écouteurs (m pl)	헤드폰	he-deu-pon
tablette (f)	접는 테이블	jeom-neun te-i-beul
hublot (m)	창문	chang-mun
couloir (m)	통로	tong-no

106. Le train

train (m)	기차, 열차	gi-cha, nyeol-cha
train (m) de banlieue	통근 열차	tong-geun nyeol-cha
TGV (m)	급행 열차	geu-paeng yeol-cha
locomotive (f) diesel	디젤 기관차	di-jel gi-gwan-cha
locomotive (f) à vapeur	증기 기관차	jeung-gi gi-gwan-cha
wagon (m)	객차	gaek-cha
wagon-restaurant (m)	식당차	sik-dang-cha
rails (m pl)	레일	re-il
chemin (m) de fer	철도	cheol-do
traverse (f)	침목	chim-mok
quai (m)	플랫폼	peul-laet-pom
voie (f)	길	gil
sémaphore (m)	신호기	sin-ho-gi
station (f)	역	yeok
conducteur (m) de train	기관사	gi-gwan-sa
porteur (m)	포터	po-teo
steward (m)	차장	cha-jang
passager (m)	승객	seung-gaek
contrôleur (m) de billets	검표원	geom-pyo-won
couloir (m)	통로	tong-no
frein (m) d'urgence	비상 브레이크	bi-sang beu-re-i-keu
compartiment (m)	침대차	chim-dae-cha
couchette (f)	침대	chim-dae
couchette (f) d'en haut	윗침대	wit-chim-dae
couchette (f) d'en bas	아래 침대	a-rae chim-dae
linge (m) de lit	침구	chim-gu
ticket (m)	표	pyo
horaire (m)	시간표	si-gan-pyo
tableau (m) d'informations	안내 전광판	an-nae jeon-gwang-pan
partir (vi)	떠난다	tteo-na-da
départ (m) (du train)	출발	chul-bal
arriver (le train)	도착하다	do-chak-a-da
arrivée (f)	도착	do-chak
arriver en train	기차로 도착하다	gi-cha-ro do-chak-a-da
prendre le train	기차에 타다	gi-cha-e ta-da
descendre du train	기차에서 내리다	gi-cha-e-seo nae-ri-da
accident (m) ferroviaire	기차 사고	gi-cha sa-go
locomotive (f) à vapeur	증기 기관차	jeung-gi gi-gwan-cha
chauffeur (m)	화부	hwa-bu
chauffe (f)	화실	hwa-sil
charbon (m)	석탄	seok-tan

107. Le bateau

bateau (m)	배	bae
navire (m)	배	bae
bateau (m) à vapeur	증기선	jeung-gi-seon
paquebot (m)	강배	gang-bae
bateau (m) de croisière	크루즈선	keu-ru-jeu-seon
croiseur (m)	순양함	su-nyang-ham
yacht (m)	요트	yo-teu
remorqueur (m)	예인선	ye-in-seon
voilier (m)	범선	beom-seon
brigantin (m)	쌍돛대 범선	ssang-dot-dae beom-seon
brise-glace (m)	쇄빙선	swae-bing-seon
sous-marin (m)	잠수함	jam-su-ham
canot (m) à rames	보트	bo-teu
dinghy (m)	종선	jong-seon
canot (m) de sauvetage	구조선	gu-jo-seon
canot (m) à moteur	모터보트	mo-teo-bo-teu
capitaine (m)	선장	seon-jang
matelot (m)	수부	su-bu
marin (m)	선원	seon-won
équipage (m)	승무원	seung-mu-won
maître (m) d'équipage	갑판장	gap-pan-jang
cuisinier (m) du bord	요리사	yo-ri-sa
médecin (m) de bord	선의	seon-ui
pont (m)	갑판	gap-pan
mât (m)	돛대	dot-dae
voile (f)	돛	dot
cale (f)	화물칸	hwa-mul-kan
proue (f)	이물	i-mul
poupe (f)	고물	go-mul
rame (f)	노	no
hélice (f)	스크루	seu-keu-ru
cabine (f)	선실	seon-sil
carré (m) des officiers	사관실	sa-gwan-sil
salle (f) des machines	엔진실	en-jin-sil
cabine (f) de T.S.F.	무전실	mu-jeon-sil
onde (f)	전파	jeon-pa
longue-vue (f)	망원경	mang-won-gyeong
cloche (f)	종	jong
pavillon (m)	기	gi
grosse corde (f) tressée	밧줄	bat-jul
nœud (m) marin	매듭	mae-deup

rampe (f)	난간	nan-gan
passerelle (f)	사다리	sa-da-ri
ancre (f)	닻	dat
lever l'ancre	닻을 올리다	da-cheul rol-li-da
jeter l'ancre	닻을 내리다	da-cheul lae-ri-da
chaîne (f) d'ancrage	닻줄	dat-jul
port (m)	항구	hang-gu
embarcadère (m)	부두	bu-du
accoster (vi)	정박시키다	jeong-bak-si-ki-da
larguer les amarres	출항하다	chul-hang-ha-da
voyage (m) (à l'étranger)	여행	yeo-haeng
croisière (f)	크루즈	keu-ru-jeu
cap (m) (suivre un ~)	항로	hang-no
itinéraire (m)	노선	no-seon
chenal (m)	항로	hang-no
bas-fond (m)	얕은 곳	ya-teun got
échouer sur un bas-fond	좌초하다	jwa-cho-ha-da
tempête (f)	폭풍우	pok-pung-u
signal (m)	신호	sin-ho
sombrer (vi)	가라앉다	ga-ra-an-da
SOS (m)	조난 신호	jo-nan sin-ho
bouée (f) de sauvetage	구명부환	gu-myeong-bu-hwan

108. L'aéroport

aéroport (m)	공항	gong-hang
avion (m)	비행기	bi-haeng-gi
compagnie (f) aérienne	항공사	hang-gong-sa
contrôleur (m) aérien	관제사	gwan-je-sa
départ (m)	출발	chul-bal
arrivée (f)	도착	do-chak
arriver (par avion)	도착하다	do-chak-a-da
temps (m) de départ	출발시간	chul-bal-si-gan
temps (m) d'arrivée	도착시간	do-chak-si-gan
être retardé	연기되다	yeon-gi-doe-da
retard (m) de l'avion	항공기 지연	hang-gong-gi ji-yeon
tableau (m) d'informations	안내 전광판	an-nae jeon-gwang-pan
information (f)	정보	jeong-bo
annoncer (vt)	알리다	al-li-da
vol (m)	비행편	bi-haeng-pyeon
douane (f)	세관	se-gwan
douanier (m)	세관원	se-gwan-won
déclaration (f) de douane	세관신고서	se-gwan-sin-go-seo
remplir la déclaration	세관 신고서를 작성하다	se-gwan sin-go-seo-reul jak-seong-ha-da

contrôle (m) de passeport	여권 검사	yeo-gwon geom-sa
bagage (m)	짐, 수하물	jim, su-ha-mul
bagage (m) à main	휴대 가능 수하물	hyu-dae ga-neung su-ha-mul
chariot (m)	수하물 카트	su-ha-mul ka-teu
atterrissage (m)	착륙	chang-nyuk
piste (f) d'atterrissage	활주로	hwal-ju-ro
atterrir (vi)	착륙하다	chang-nyuk-a-da
escalier (m) d'avion	승강계단	seung-gang-gye-dan
enregistrement (m)	체크인	che-keu-in
comptoir (m) d'enregistrement	체크인 카운터	che-keu-in ka-un-teo
s'enregistrer (vp)	체크인하다	che-keu-in-ha-da
carte (f) d'embarquement	탑승권	tap-seung-gwon
porte (f) d'embarquement	탑승구	tap-seung-gu
transit (m)	트랜싯, 환승	teu-raen-sit, hwan-seung
attendre (vt)	기다리다	gi-da-ri-da
salle (f) d'attente	공항 라운지	gong-hang na-un-ji
raccompagner (à l'aéroport, etc.)	배웅하다	bae-ung-ha-da
dire au revoir	작별인사를 하다	jak-byeo-rin-sa-reul ha-da

Les grands événements de la vie

109. Les fêtes et les événements

fête (f)	휴일	hyu-il
fête (f) nationale	국경일	guk-gyeong-il
jour (m) férié	공휴일	gong-hyu-il
fêter (vt)	기념하다	gi-nyeom-ha-da
événement (m) (~ du jour)	사건	sa-geon
événement (m) (soirée, etc.)	이벤트	i-ben-teu
banquet (m)	연회	yeon-hoe
réception (f)	리셉션	ri-sep-syeon
festin (m)	연회	yeon-hoe
anniversaire (m)	기념일	gi-nyeom-il
jubilé (m)	기념일	gi-nyeom-il
célébrer (vt)	경축하다	gyeong-chuk-a-da
Nouvel An (m)	새해	sae-hae
Bonne année!	새해 복 많이 받으세요!	sae-hae bok ma-ni ba-deu-se-yo!
Père Noël (m)	산타클로스	san-ta-keul-lo-seu
Noël (m)	크리스마스	keu-ri-seu-ma-seu
Joyeux Noël!	성탄을 축하합니다!	seong-ta-neul chuk-a-ham-ni-da!
arbre (m) de Noël	크리스마스트리	keu-ri-seu-ma-seu-teu-ri
feux (m pl) d'artifice	불꽃놀이	bul-kkon-no-ri
mariage (m)	결혼식	gyeol-hon-sik
fiancé (m)	신랑	sil-lang
fiancée (f)	신부	sin-bu
inviter (vt)	초대하다	cho-dae-ha-da
lettre (f) d'invitation	초대장	cho-dae-jang
invité (m)	손님	son-nim
visiter (~ les amis)	방문하다	bang-mun-ha-da
accueillir les invités	손님을 맞이하다	son-ni-meul ma-ji-ha-da
cadeau (m)	선물	seon-mul
offrir (un cadeau)	선물 하다	seon-mul ha-da
recevoir des cadeaux	선물 받다	seon-mul bat-da
bouquet (m)	꽃다발	kkot-da-bal
félicitations (f pl)	축하를	chuk-a-reul
féliciter (vt)	축하하다	chuk-a-ha-da
carte (f) de veux	축하 카드	chuk-a ka-deu
envoyer une carte	카드를 보내다	ka-deu-reul bo-nae-da

recevoir une carte	카드 받다	ka-deu bat-da
toast (m)	축배	chuk-bae
offrir (un verre, etc.)	대접하다	dae-jeo-pa-da
champagne (m)	샴페인	syam-pe-in
s'amuser (vp)	즐기다	jeul-gi-da
gaieté (f)	즐거움	jeul-geo-um
joie (f) (émotion)	기쁜, 즐거움	gi-ppeun, jeul-geo-um
danse (f)	춤	chum
danser (vi, vt)	춤추다	chum-chu-da
valse (f)	왈츠	wal-cheu
tango (m)	탱고	taeng-go

110. L'enterrement. Le deuil

cimetière (m)	묘지	myo-ji
tombe (f)	무덤	mu-deom
croix (f)	십자가	sip-ja-ga
pierre (f) tombale	묘석	myo-seok
clôture (f)	울타리	ul-ta-ri
chapelle (f)	채플	chae-peul
mort (f)	죽음	ju-geum
mourir (vi)	죽다	juk-da
défunt (m)	고인	go-in
deuil (m)	상	sang
enterrer (vt)	묻다	mut-da
maison (f) funéraire	장례식장	jang-nye-sik-jang
enterrement (m)	장례식	jang-nye-sik
couronne (f)	화환	hwa-hwan
cercueil (m)	관	gwan
corbillard (m)	영구차	yeong-gu-cha
linceul (m)	수의	su-ui
urne (f) funéraire	유골 단지	yu-gol dan-ji
crématoire (m)	화장장	hwa-jang-jang
nécrologue (m)	부고	bu-go
pleurer (vi)	울다	ul-da
sangloter (vi)	흐느껴 울다	heu-neu-kkyeo ul-da

111. La guerre. Les soldats

section (f)	소대	so-dae
compagnie (f)	중대	jung-dae
régiment (m)	연대	yeon-dae
armée (f)	군대	gun-dae
division (f)	사단	sa-dan

détachement (m)	분대	bun-dae
armée (f) (Moyen Âge)	군대	gun-dae
soldat (m) (un militaire)	군인	gun-in
officier (m)	장교	jang-gyo
soldat (m) (grade)	일병	il-byeong
sergent (m)	병장	byeong-jang
lieutenant (m)	중위	jung-wi
capitaine (m)	대위	dae-wi
commandant (m)	소령	so-ryeong
colonel (m)	대령	dae-ryeong
général (m)	장군	jang-gun
marin (m)	선원	seon-won
capitaine (m)	대위	dae-wi
maître (m) d'équipage	갑판장	gap-pan-jang
artilleur (m)	포병	po-byeong
parachutiste (m)	낙하산 부대원	nak-a-san bu-dae-won
pilote (m)	조종사	jo-jong-sa
navigateur (m)	항법사	hang-beop-sa
mécanicien (m)	정비공	jeong-bi-gong
démineur (m)	공병대원	gong-byeong-dae-won
parachutiste (m)	낙하산병	nak-a-san-byeong
éclaireur (m)	정찰대	jeong-chal-dae
tireur (m) d'élite	저격병	jeo-gyeok-byeong
patrouille (f)	순찰	sun-chal
patrouiller (vi)	순찰하다	sun-chal-ha-da
sentinelle (f)	경비병	gyeong-bi-byeong
guerrier (m)	전사	jeon-sa
héros (m)	영웅	yeong-ung
héroïne (f)	여걸	yeo-geol
patriote (m)	애국자	ae-guk-ja
traître (m)	매국노	mae-gung-no
déserteur (m)	탈영병	ta-ryeong-byeong
déserter (vt)	탈영하다	ta-ryeong-ha-da
mercenaire (m)	용병	yong-byeong
recrue (f)	훈련병	hul-lyeon-byeong
volontaire (m)	지원병	ji-won-byeong
mort (m)	사망자	sa-mang-ja
blessé (m)	부상자	bu-sang-ja
prisonnier (m) de guerre	포로	po-ro

112. La guerre. Partie 1

guerre (f)	전쟁	jeon-jaeng
faire la guerre	참전하다	cham-jeon-ha-da

guerre (f) civile	내전	nae-jeon
perfidement (adv)	비겁하게	bi-geo-pa-ge
déclaration (f) de guerre	선전 포고	seon-jeon po-go
déclarer (la guerre)	선포하다	seon-po-ha-da
agression (f)	침략	chim-nyak
attaquer (~ un pays)	공격하다	gong-gyeo-ka-da
envahir (vt)	침략하다	chim-nyak-a-da
envahisseur (m)	침략자	chim-nyak-ja
conquérant (m)	정복자	jeong-bok-ja
défense (f)	방어	bang-eo
défendre (vt)	방어하다	bang-eo-ha-da
se défendre (vp)	… 를 방어하다	… reul bang-eo-ha-da
ennemi (m)	적	jeok
adversaire (m)	원수	won-su
ennemi (adj) (territoire ~)	적의	jeo-gui
stratégie (f)	전략	jeol-lyak
tactique (f)	전술	jeon-sul
ordre (m)	명령	myeong-nyeong
commande (f)	명령	myeong-nyeong
ordonner (vt)	명령하다	myeong-nyeong-ha-da
mission (f)	임무	im-mu
secret (adj)	비밀의	bi-mi-rui
bataille (f)	전투	jeon-tu
bataille (f)	전투	jeon-tu
combat (m)	전투	jeon-tu
attaque (f)	공격	gong-gyeok
assaut (m)	돌격	dol-gyeok
prendre d'assaut	습격하다	seup-gyeok-a-da
siège (m)	포위 공격	po-wi gong-gyeok
offensive (f)	공세	gong-se
passer à l'offensive	공격하다	gong-gyeo-ka-da
retraite (f)	퇴각	toe-gak
faire retraite	퇴각하다	toe-gak-a-da
encerclement (m)	포위	po-wi
encercler (vt)	둘러싸다	dul-leo-ssa-da
bombardement (m)	폭격	pok-gyeok
lancer une bombe	폭탄을 투하하다	pok-ta-neul tu-ha-ha-da
bombarder (vt)	폭격하다	pok-gyeok-a-da
explosion (f)	폭발	pok-bal
coup (m) de feu	발포	bal-po
tirer un coup de feu	쏘다	sso-da
fusillade (f)	사격	sa-gyeok
viser … (cible)	겨냥대다	gyeo-nyang-dae-da
pointer (sur …)	총을 겨누다	chong-eul gyeo-nu-da

atteindre (cible)	맞히다	ma-chi-da
faire sombrer	가라앉히다	ga-ra-an-chi-da
trou (m) (dans un bateau)	구멍	gu-meong
sombrer (navire)	가라앉히다	ga-ra-an-chi-da
front (m)	전선	jeon-seon
évacuation (f)	철수	cheol-su
évacuer (vt)	대피시키다	dae-pi-si-ki-da
tranchée (f)	참호	cham-ho
barbelés (m pl)	가시철사	ga-si-cheol-sa
barrage (m) (~ antichar)	장애물	jang-ae-mul
tour (f) de guet	감시탑	gam-si-tap
hôpital (m)	군 병원	gun byeong-won
blesser (vt)	부상을 입히다	bu-sang-eul ri-pi-da
blessure (f)	부상	bu-sang
blessé (m)	부상자	bu-sang-ja
être blessé	부상을 입다	bu-sang-eul rip-da
grave (blessure)	심각한	sim-gak-an

113. La guerre. Partie 2

captivité (f)	사로잡힘	sa-ro-ja-pim
captiver (vt)	포로로 하다	po-ro-ro ha-da
être prisonnier	사로잡히어	sa-ro-ja-pi-eo
être fait prisonnier	포로가 되다	po-ro-ga doe-da
camp (m) de concentration	강제 수용소	gang-je su-yong-so
prisonnier (m) de guerre	포로	po-ro
s'enfuir (vp)	탈출하다	tal-chul-ha-da
trahir (vt)	팔아먹다	pa-ra-meok-da
traître (m)	배반자	bae-ban-ja
trahison (f)	배반	bae-ban
fusiller (vt)	총살하다	chong-sal-ha-da
fusillade (f) (exécution)	총살형	chong-sal-hyeong
équipement (m) (uniforme, etc.)	군장	gun-jang
épaulette (f)	계급 견장	gye-geup gyeon-jang
masque (m) à gaz	가스 마스크	ga-seu ma-seu-keu
émetteur (m) radio	군용무전기	gu-nyong-mu-jeon-gi
chiffre (m) (code)	암호	am-ho
conspiration (f)	비밀 유지	bi-mil ryu-ji
mot (m) de passe	비밀번호	bi-mil-beon-ho
mine (f) terrestre	지뢰	ji-roe
miner (poser des mines)	지뢰를 매설하다	ji-roe-reul mae-seol-ha-da
champ (m) de mines	지뢰밭	ji-roe-bat
alerte (f) aérienne	공습 경보	gong-seup gyeong-bo
signal (m) d'alarme	경보	gyeong-bo

signal (m)	신호	sin-ho
fusée signal (f)	신호탄	sin-ho-tan
état-major (m)	본부	bon-bu
reconnaissance (f)	정찰	jeong-chal
situation (f)	정세	jeong-se
rapport (m)	보고	bo-go
embuscade (f)	기습	gi-seup
renfort (m)	강화	gang-hwa
cible (f)	과녁	gwa-nyeok
polygone (m)	성능 시험장	seong-neung si-heom-jang
manœuvres (f pl)	군사 훈련	gun-sa hul-lyeon
panique (f)	공황	gong-hwang
dévastation (f)	파멸	pa-myeol
destructions (f pl) (ruines)	파괴	pa-goe
détruire (vt)	파괴하다	pa-goe-ha-da
survivre (vi)	살아남다	sa-ra-nam-da
désarmer (vt)	무장해제하다	mu-jang-hae-je-ha-da
manier (une arme)	다루다	da-ru-da
Garde-à-vous! Fixe!	차려!	cha-ryeo!
Repos!	쉬어!	swi-eo!
exploit (m)	무훈	mu-hun
serment (m)	맹세	maeng-se
jurer (de faire qch)	맹세하다	maeng-se-ha-da
décoration (f)	훈장	hun-jang
décorer (de la médaille)	훈장을 주다	hun-jang-eul ju-da
médaille (f)	메달	me-dal
ordre (m) (~ du Mérite)	훈장	hun-jang
victoire (f)	승리	seung-ni
défaite (f)	패배	pae-bae
armistice (m)	휴전	hyu-jeon
drapeau (m)	기	gi
gloire (f)	영광	yeong-gwang
défilé (m)	퍼레이드	peo-re-i-deu
marcher (défiler)	행진하다	haeng-jin-ha-da

114. Les armes

arme (f)	무기	mu-gi
armes (f pl) à feu	화기	hwa-gi
arme (f) chimique	화학 병기	hwa-hak byeong-gi
nucléaire (adj)	핵의	hae-gui
arme (f) nucléaire	핵무기	haeng-mu-gi
bombe (f)	폭탄	pok-tan
bombe (f) atomique	원자폭탄	won-ja-pok-tan

pistolet (m)	권총	gwon-chong
fusil (m)	장총	jang-chong
mitraillette (f)	기관단총	gi-gwan-dan-chong
mitrailleuse (f)	기관총	gi-gwan-chong
bouche (f)	총구	chong-gu
canon (m)	총열	chong-yeol
calibre (m)	구경	gu-gyeong
gâchette (f)	방아쇠	bang-a-soe
mire (f)	가늠자	ga-neum-ja
crosse (f)	개머리	gae-meo-ri
grenade (f) à main	수류탄	su-ryu-tan
explosif (m)	폭약	po-gyak
balle (f)	총알	chong-al
cartouche (f)	탄약통	ta-nyak-tong
charge (f)	화약	hwa-yak
munitions (f pl)	탄약	ta-nyak
bombardier (m)	폭격기	pok-gyeok-gi
avion (m) de chasse	전투기	jeon-tu-gi
hélicoptère (m)	헬리콥터	hel-li-kop-teo
pièce (f) de D.C.A.	대공포	dae-gong-po
char (m)	전차	jeon-cha
artillerie (f)	대포	dae-po
canon (m)	대포	dae-po
pointer (~ l'arme)	총을 겨누다	chong-eul gyeo-nu-da
obus (m)	탄피	tan-pi
obus (m) de mortier	박격포탄	bak-gyeok-po-tan
mortier (m)	박격포	bak-gyeok-po
éclat (m) d'obus	포탄파편	po-tan-pa-pyeon
sous-marin (m)	잠수함	jam-su-ham
torpille (f)	어뢰	eo-roe
missile (m)	미사일	mi-sa-il
charger (arme)	장탄하다	jang-tan-ha-da
tirer (vi)	쏘다	sso-da
viser ... (cible)	총을 겨누다	chong-eul gyeo-nu-da
baïonnette (f)	총검	chong-geom
épée (f)	레이피어	re-i-pi-eo
sabre (m)	군도	gun-do
lance (f)	창	chang
arc (m)	활	hwal
flèche (f)	화살	hwa-sal
mousquet (m)	머스킷	meo-seu-kit
arbalète (f)	석궁	seok-gung

115. Les hommes préhistoriques

primitif (adj)	원시적인	won-si-jeo-gin
préhistorique (adj)	선사시대의	seon-sa-si-dae-ui
ancien (adj)	고대의	go-dae-ui
Âge (m) de pierre	석기 시대	seok-gi si-dae
Âge (m) de bronze	청동기 시대	cheong-dong-gi si-dae
période (f) glaciaire	빙하 시대	bing-ha si-dae
tribu (f)	부족	bu-jok
cannibale (m)	식인종	si-gin-jong
chasseur (m)	사냥꾼	sa-nyang-kkun
chasser (vi, vt)	사냥하다	sa-nyang-ha-da
mammouth (m)	매머드	mae-meo-deu
caverne (f)	동굴	dong-gul
feu (m)	불	bul
feu (m) de bois	모닥불	mo-dak-bul
dessin (m) rupestre	동굴 벽화	dong-gul byeok-wa
outil (m)	도구	do-gu
lance (f)	창	chang
hache (f) en pierre	돌도끼	dol-do-kki
faire la guerre	참전하다	cham-jeon-ha-da
domestiquer (vt)	길들이다	gil-deu-ri-da
idole (f)	우상	u-sang
adorer, vénérer (vt)	숭배하다	sung-bae-ha-da
superstition (f)	미신	mi-sin
évolution (f)	진화	jin-hwa
développement (m)	개발	gae-bal
disparition (f)	멸종	myeol-jong
s'adapter (vp)	적응하다	jeo-geung-ha-da
archéologie (f)	고고학	go-go-hak
archéologue (m)	고고학자	go-go-hak-ja
archéologique (adj)	고고학의	go-go-ha-gui
site (m) d'excavation	발굴 현장	bal-gul hyeon-jang
fouilles (f pl)	발굴	bal-gul
trouvaille (f)	발견물	bal-gyeon-mul
fragment (m)	파편	pa-pyeon

116. Le Moyen Âge

peuple (m)	민족	min-jok
peuples (m pl)	민족	min-jok
tribu (f)	부족	bu-jok
tribus (f pl)	부족들	bu-jok-deul
Barbares (m pl)	오랑캐	o-rang-kae
Gaulois (m pl)	갈리아인	gal-li-a-in

Goths (m pl)	고트족	go-teu-jok
Slaves (m pl)	슬라브족	seul-la-beu-jok
Vikings (m pl)	바이킹	ba-i-king
Romains (m pl)	로마 사람	ro-ma sa-ram
romain (adj)	로마의	ro-ma-ui
byzantins (m pl)	비잔티움 사람들	bi-jan-ti-um sa-ram-deul
Byzance (f)	비잔티움	bi-jan-ti-um
byzantin (adj)	비잔틴의	bi-jan-tin-ui
empereur (m)	황제	hwang-je
chef (m)	추장	chu-jang
puissant (adj)	강력한	gang-nyeo-kan
roi (m)	왕	wang
gouverneur (m)	통치자	tong-chi-ja
chevalier (m)	기사	gi-sa
féodal (m)	봉건 영주	bong-geon nyeong-ju
féodal (adj)	봉건적인	bong-geon-jeo-gin
vassal (m)	봉신	bong-sin
duc (m)	공작	gong-jak
comte (m)	백작	baek-jak
baron (m)	남작	nam-jak
évêque (m)	주교	ju-gyo
armure (f)	갑옷	ga-bot
bouclier (m)	방패	bang-pae
glaive (m)	검	geom
visière (f)	얼굴 가리개	eol-gul ga-ri-gae
cotte (f) de mailles	미늘 갑옷	mi-neul ga-bot
croisade (f)	십자군	sip-ja-gun
croisé (m)	십자군 전사	sip-ja-gun jeon-sa
territoire (m)	영토	yeong-to
attaquer (~ un pays)	공격하다	gong-gyeo-ka-da
conquérir (vt)	정복하다	jeong-bok-a-da
occuper (envahir)	점령하다	jeom-nyeong-ha-da
siège (m)	포위 공격	po-wi gong-gyeok
assiégé (adj)	포위당한	po-wi-dang-han
assiéger (vt)	포위하다	po-wi-ha-da
inquisition (f)	이단심문	i-dan-sim-mun
inquisiteur (m)	종교 재판관	jong-gyo jae-pan-gwan
torture (f)	고문	go-mun
cruel (adj)	잔혹한	jan-hok-an
hérétique (m)	이단자	i-dan-ja
hérésie (f)	이단으로	i-da-neu-ro
navigation (f) en mer	항해	hang-hae
pirate (m)	해적	hae-jeok
piraterie (f)	해적 행위	hae-jeok aeng-wi
abordage (m)	널판장	neol-pan-jang

butin (m)	노획물	no-hoeng-mul
trésor (m)	보물	bo-mul
découverte (f)	발견	bal-gyeon
découvrir (vt)	발견하다	bal-gyeon-ha-da
expédition (f)	탐험	tam-heom
mousquetaire (m)	총병	chong-byeong
cardinal (m)	추기경	chu-gi-gyeong
héraldique (f)	문장학	mun-jang-hak
héraldique (adj)	문장학의	mun-jang-ha-gui

117. Les dirigeants. Les responsables. Les autorités

roi (m)	왕	wang
reine (f)	여왕	yeo-wang
royal (adj)	왕족의	wang-jo-gui
royaume (m)	왕국	wang-guk
prince (m)	왕자	wang-ja
princesse (f)	공주	gong-ju
président (m)	대통령	dae-tong-nyeong
vice-président (m)	부통령	bu-tong-nyeong
sénateur (m)	상원의원	sang-won-ui-won
monarque (m)	군주	gun-ju
gouverneur (m)	통치자	tong-chi-ja
dictateur (m)	독재자	dok-jae-ja
tyran (m)	폭군	pok-gun
magnat (m)	거물	geo-mul
directeur (m)	사장	sa-jang
chef (m)	추장	chu-jang
gérant (m)	지배인	ji-bae-in
boss (m)	상사	sang-sa
patron (m)	소유자	so-yu-ja
chef (m) (~ d'une délégation)	책임자	chae-gim-ja
autorités (f pl)	당국	dang-guk
supérieurs (m pl)	상사	sang-sa
gouverneur (m)	주지사	ju-ji-sa
consul (m)	영사	yeong-sa
diplomate (m)	외교관	oe-gyo-gwan
maire (m)	시장	si-jang
shérif (m)	보안관	bo-an-gwan
empereur (m)	황제	hwang-je
tsar (m)	황제	hwang-je
pharaon (m)	파라오	pa-ra-o
khan (m)	칸	kan

118. Les crimes. Les criminels. Partie 1

bandit (m)	산적	san-jeok
crime (m)	범죄	beom-joe
criminel (m)	범죄자	beom-joe-ja
voleur (m)	도둑	do-duk
voler (qch à qn)	훔치다	hum-chi-da
vol (m) (activité)	절도	jeol-do
vol (m) (~ à la tire)	도둑질	do-duk-jil
kidnapper (vt)	납치하다	nap-chi-ha-da
kidnapping (m)	유괴	yu-goe
kidnappeur (m)	유괴범	yu-goe-beom
rançon (f)	몸값	mom-gap
exiger une rançon	몸값을 요구하다	mom-gap-seul ryo-gu-ha-da
cambrioler (vt)	뺏다	ppaet-da
cambrioleur (m)	강도	gang-do
extorquer (vt)	갈취하다	gal-chwi-ha-da
extorqueur (m)	갈취자	gal-chwi-ja
extorsion (f)	갈취	gal-chwi
tuer (vt)	죽이다	ju-gi-da
meurtre (m)	살인	sa-rin
meurtrier (m)	살인자	sa-rin-ja
coup (m) de feu	발포	bal-po
tirer un coup de feu	쏘다	sso-da
abattre (par balle)	쏘아 죽이다	sso-a ju-gi-da
tirer (vi)	쏘다	sso-da
coups (m pl) de feu	발사	bal-sa
incident (m)	사건	sa-geon
bagarre (f)	몸싸움	mom-ssa-um
victime (f)	희생자	hui-saeng-ja
endommager (vt)	해치다	hae-chi-da
dommage (m)	피해	pi-hae
cadavre (m)	시신	si-sin
grave (~ crime)	중대한	jung-dae-han
attaquer (vt)	공격하다	gong-gyeo-ka-da
battre (frapper)	때리다	ttae-ri-da
passer à tabac	조지다	jo-ji-da
prendre (voler)	훔치다	hum-chi-da
poignarder (vt)	찔러 죽이다	jjil-leo ju-gi-da
mutiler (vt)	불구로 만들다	bul-gu-ro man-deul-da
blesser (vt)	부상을 입히다	bu-sang-eul ri-pi-da
chantage (m)	공갈	gong-gal
faire chanter	공갈하다	gong-gal-ha-da
maître (m) chanteur	공갈범	gong-gal-beom

racket (m) de protection	폭력단의 갈취 행위	pong-nyeok-dan-ui gal-chwi haeng-wi
racketteur (m)	모리배	mo-ri-bae
gangster (m)	갱	gaeng
mafia (f)	마피아	ma-pi-a
pickpocket (m)	소매치기	so-mae-chi-gi
cambrioleur (m)	빈집털이범	bin-jip-teo-ri-beom
contrebande (f) (trafic)	밀수입	mil-su-ip
contrebandier (m)	밀수입자	mil-su-ip-ja
contrefaçon (f)	위조	wi-jo
falsifier (vt)	위조하다	wi-jo-ha-da
faux (falsifié)	가짜의	ga-jja-ui

119. Les crimes. Les criminels. Partie 2

viol (m)	강간	gang-gan
violer (vt)	강간하다	gang-gan-ha-da
violeur (m)	강간범	gang-gan-beom
maniaque (m)	미치광이	mi-chi-gwang-i
prostituée (f)	매춘부	mae-chun-bu
prostitution (f)	매춘	mae-chun
souteneur (m)	포주	po-ju
drogué (m)	마약 중독자	ma-yak jung-dok-ja
trafiquant (m) de drogue	마약 밀매자	ma-yak mil-mae-ja
faire exploser	폭발하다	pok-bal-ha-da
explosion (f)	폭발	pok-bal
mettre feu	방화하다	bang-hwa-ha-da
incendiaire (m)	방화범	bang-hwa-beom
terrorisme (m)	테러리즘	te-reo-ri-jeum
terroriste (m)	테러리스트	te-reo-ri-seu-teu
otage (m)	볼모	bol-mo
escroquer (vt)	속이다	so-gi-da
escroquerie (f)	사기	sa-gi
escroc (m)	사기꾼	sa-gi-kkun
soudoyer (vt)	뇌물을 주다	noe-mu-reul ju-da
corruption (f)	뇌물 수수	noe-mul su-su
pot-de-vin (m)	뇌물	noe-mul
poison (m)	독	dok
empoisonner (vt)	독살하다	dok-sal-ha-da
s'empoisonner (vp)	음독하다	eum-dok-a-da
suicide (m)	자살	ja-sal
suicidé (m)	자살자	ja-sal-ja
menacer (vt)	협박하다	hyeop-bak-a-da
menace (f)	협박	hyeop-bak

attenter (vt)	살해를 피하다	sal-hae-reul kkoe-ha-da
attentat (m)	미수	mi-su
voler (un auto)	훔치는	hum-chi-da
détourner (un avion)	납치하다	nap-chi-ha-da
vengeance (f)	복수	bok-su
se venger (vp)	복수하다	bok-su-ha-da
torturer (vt)	고문하다	go-mun-ha-da
torture (f)	고문	go-mun
tourmenter (vt)	괴롭히다	goe-ro-pi-da
pirate (m)	해적	hae-jeok
voyou (m)	난동꾼	nan-dong-kkun
armé (adj)	무장한	mu-jang-han
violence (f)	폭력	pong-nyeok
espionnage (m)	간첩행위	gan-cheo-paeng-wi
espionner (vt)	간첩 행위를 하다	gan-cheop paeng-wi-reul ha-da

120. La police. La justice. Partie 1

justice (f)	정의	jeong-ui
tribunal (m)	법정	beop-jeong
juge (m)	판사	pan-sa
jury (m)	배심원	bae-sim-won
cour (f) d'assises	배심 재판	bae-sim jae-pan
juger (vt)	재판에 부치다	jae-pan-e bu-chi-da
avocat (m)	변호사	byeon-ho-sa
accusé (m)	피고	pi-go
banc (m) des accusés	피고인석	pi-go-in-seok
inculpation (f)	혐의	hyeom-ui
inculpé (m)	형사 피고인	pi-go-in
condamnation (f)	형량	hyeong-nyang
condamner (vt)	선고하다	seon-go-ha-da
coupable (m)	유죄	yu-joe
punir (vt)	처벌하다	cheo-beol-ha-da
punition (f)	벌	beol
amende (f)	벌금	beol-geum
détention (f) à vie	종신형	jong-sin-hyeong
peine (f) de mort	사형	sa-hyeong
chaise (f) électrique	전기 의자	jeon-gi ui-ja
potence (f)	교수대	gyo-su-dae
exécuter (vt)	집행하다	ji-paeng-ha-da
exécution (f)	처형	cheo-hyeong

prison (f)	교도소	gyo-do-so
cellule (f)	감방	gam-bang
escorte (f)	호송	ho-song
gardien (m) de prison	간수	gan-su
prisonnier (m)	죄수	joe-su
menottes (f pl)	수갑	su-gap
mettre les menottes	수갑을 채우다	su-ga-beul chae-u-da
évasion (f)	탈옥	ta-rok
s'évader (vp)	탈옥하다	ta-rok-a-da
disparaître (vi)	사라지다	sa-ra-ji-da
libérer (vt)	출옥하다	chu-rok-a-da
amnistie (f)	사면	sa-myeon
police (f)	경찰	gyeong-chal
policier (m)	경찰관	gyeong-chal-gwan
commissariat (m) de police	경찰서	gyeong-chal-seo
matraque (f)	경찰봉	gyeong-chal-bong
haut parleur (m)	메가폰	me-ga-pon
voiture (f) de patrouille	순찰차	sun-chal-cha
sirène (f)	사이렌	sa-i-ren
enclencher la sirène	사이렌을 켜다	sa-i-re-neul kyeo-da
hurlement (m) de la sirène	사이렌 소리	sa-i-ren so-ri
lieu (m) du crime	범죄현장	beom-joe-hyeon-jang
témoin (m)	목격자	mok-gyeok-ja
liberté (f)	자유	ja-yu
complice (m)	공범자	gong-beom-ja
s'enfuir (vp)	달아나다	da-ra-na-da
trace (f)	흔적	heun-jeok

121. La police. La justice. Partie 2

recherche (f)	조사	jo-sa
rechercher (vt)	··· 를 찾다	... reul chat-da
suspicion (f)	혐의	hyeom-ui
suspect (adj)	의심스러운	ui-sim-seu-reo-un
arrêter (dans la rue)	멈추다	meom-chu-da
détenir (vt)	구류하다	gu-ryu-ha-da
affaire (f) (~ pénale)	판례	pal-lye
enquête (f)	조사	jo-sa
détective (m)	형사	hyeong-sa
enquêteur (m)	조사관	jo-sa-gwan
hypothèse (f)	가설	ga-seol
motif (m)	동기	dong-gi
interrogatoire (m)	심문	sim-mun
interroger (vt)	신문하다	sin-mun-ha-da
interroger (~ les voisins)	심문하다	sim-mun-ha-da
inspection (f)	확인	hwa-gin

rafle (f)	일제 검거	il-je geom-geo
perquisition (f)	수색	su-saek
poursuite (f)	추적	chu-jeok
poursuivre (vt)	추적하다	chu-jeok-a-da
dépister (vt)	추적하다	chu-jeok-a-da
arrestation (f)	체포	che-po
arrêter (vt)	체포하다	che-po-ha-da
attraper (~ un criminel)	붙잡다	but-jap-da
capture (f)	체포	che-po
document (m)	서류	seo-ryu
preuve (f)	증거	jeung-geo
prouver (vt)	증명하다	jeung-myeong-ha-da
empreinte (f) de pied	발자국	bal-ja-guk
empreintes (f pl) digitales	지문	ji-mun
élément (m) de preuve	증거물	jeung-geo-mul
alibi (m)	알리바이	al-li-ba-i
innocent (non coupable)	무죄인	mu-joe-in
injustice (f)	부정	bu-jeong
injuste (adj)	부당한	bu-dang-han
criminel (adj)	범죄의	beom-joe-ui
confisquer (vt)	몰수하다	mol-su-ha-da
drogue (f)	마약	ma-yak
arme (f)	무기	mu-gi
désarmer (vt)	무장해제하다	mu-jang-hae-je-ha-da
ordonner (vt)	명령하다	myeong-nyeong-ha-da
disparaître (vi)	사라지다	sa-ra-ji-da
loi (f)	법률	beom-nyul
légal (adj)	합법적인	hap-beop-jeo-gin
illégal (adj)	불법적인	bul-beop-jeo-gin
responsabilité (f)	책임	chae-gim
responsable (adj)	책임 있는	chae-gim in-neun

LA NATURE

La Terre. Partie 1

122. L'espace cosmique

cosmos (m)	우주	u-ju
cosmique (adj)	우주의	u-ju-ui
espace (m) cosmique	우주 공간	u-ju gong-gan
monde (m)	세계	se-gye
univers (m)	우주	u-ju
galaxie (f)	은하	eun-ha
étoile (f)	별, 항성	byeol, hang-seong
constellation (f)	별자리	byeol-ja-ri
planète (f)	행성	haeng-seong
satellite (m)	인공위성	in-gong-wi-seong
météorite (m)	운석	un-seok
comète (f)	혜성	hye-seong
astéroïde (m)	소행성	so-haeng-seong
orbite (f)	궤도	gwe-do
tourner (vi)	회전한다	hoe-jeon-han-da
atmosphère (f)	대기	dae-gi
Soleil (m)	태양	tae-yang
système (m) solaire	태양계	tae-yang-gye
éclipse (f) de soleil	일식	il-sik
Terre (f)	지구	ji-gu
Lune (f)	달	dal
Mars (m)	화성	hwa-seong
Vénus (f)	금성	geum-seong
Jupiter (m)	목성	mok-seong
Saturne (m)	토성	to-seong
Mercure (m)	수성	su-seong
Uranus (m)	천왕성	cheon-wang-seong
Neptune	해왕성	hae-wang-seong
Pluton (m)	명왕성	myeong-wang-seong
la Voie Lactée	은하수	eun-ha-su
la Grande Ours	큰곰자리	keun-gom-ja-ri
la Polaire	북극성	buk-geuk-seong
martien (m)	화성인	hwa-seong-in
extraterrestre (m)	외계인	oe-gye-in

alien (m)	외계인	oe-gye-in
soucoupe (f) volante	비행 접시	bi-haeng jeop-si
vaisseau (m) spatial	우주선	u-ju-seon
station (f) orbitale	우주 정거장	u-ju jeong-nyu-jang
moteur (m)	엔진	en-jin
tuyère (f)	노즐	no-jeul
carburant (m)	연료	yeol-lyo
cabine (f)	조종석	jo-jong-seok
antenne (f)	안테나	an-te-na
hublot (m)	현창	hyeon-chang
batterie (f) solaire	태양 전지	tae-yang jeon-ji
scaphandre (m)	우주복	u-ju-bok
apesanteur (f)	무중력	mu-jung-nyeok
oxygène (m)	산소	san-so
arrimage (m)	도킹	do-king
s'arrimer à …	도킹하다	do-king-ha-da
observatoire (m)	천문대	cheon-mun-dae
télescope (m)	망원경	mang-won-gyeong
observer (vt)	관찰하다	gwan-chal-ha-da
explorer (un cosmos)	탐험하다	tam-heom-ha-da

123. La Terre

Terre (f)	지구	ji-gu
globe (m) terrestre	지구	ji-gu
planète (f)	행성	haeng-seong
atmosphère (f)	대기	dae-gi
géographie (f)	지리학	ji-ri-hak
nature (f)	자연	ja-yeon
globe (m) de table	지구의	ji-gu-ui
carte (f)	지도	ji-do
atlas (m)	지도첩	ji-do-cheop
Europe (f)	유럽	yu-reop
Asie (f)	아시아	a-si-a
Afrique (f)	아프리카	a-peu-ri-ka
Australie (f)	호주	ho-ju
Amérique (f)	아메리카 대륙	a-me-ri-ka dae-ryuk
Amérique (f) du Nord	북아메리카	bu-ga-me-ri-ka
Amérique (f) du Sud	남아메리카	nam-a-me-ri-ka
l'Antarctique (m)	남극 대륙	nam-geuk dae-ryuk
l'Arctique (m)	극지방	geuk-ji-bang

124. Les quatre parties du monde

nord (m)	북쪽	buk-jjok
vers le nord	북쪽으로	buk-jjo-geu-ro
au nord	북쪽에	buk-jjo-ge
du nord (adj)	북쪽의	buk-jjo-gui
sud (m)	남쪽	nam-jjok
vers le sud	남쪽으로	nam-jjo-geu-ro
au sud	남쪽에	nam-jjo-ge
du sud (adj)	남쪽의	nam-jjo-gui
ouest (m)	서쪽	seo-jjok
vers l'occident	서쪽으로	seo-jjo-geu-ro
à l'occident	서쪽에	seo-jjo-ge
occidental (adj)	서쪽의	seo-jjo-gui
est (m)	동쪽	dong-jjok
vers l'orient	동쪽으로	dong-jjo-geu-ro
à l'orient	동쪽에	dong-jjo-ge
oriental (adj)	동쪽의	dong-jjo-gui

125. Les océans et les mers

mer (f)	바다	ba-da
océan (m)	대양	dae-yang
golfe (m)	만	man
détroit (m)	해협	hae-hyeop
continent (m)	대륙	dae-ryuk
île (f)	섬	seom
presqu'île (f)	반도	ban-do
archipel (m)	군도	gun-do
baie (f)	만	man
port (m)	항구	hang-gu
lagune (f)	석호	seok-o
cap (m)	곶	got
atoll (m)	환초	hwan-cho
récif (m)	암초	am-cho
corail (m)	산호	san-ho
récif (m) de corail	산호초	san-ho-cho
profond (adj)	깊은	gi-peun
profondeur (f)	깊이	gi-pi
fosse (f) océanique	해구	hae-gu
courant (m)	해류	hae-ryu
baigner (vt) (mer)	둘러싸다	dul-leo-ssa-da
littoral (m)	해변	hae-byeon
côte (f)	바닷가	ba-dat-ga

marée (f) haute	밀물	mil-mul
marée (f) basse	썰물	sseol-mul
banc (m) de sable	모래톱	mo-rae-top
fond (m)	해저	hae-jeo
vague (f)	파도	pa-do
crête (f) de la vague	물마루	mul-ma-ru
mousse (f)	거품	geo-pum
ouragan (m)	허리케인	heo-ri-ke-in
tsunami (m)	해일	hae-il
calme (m)	고요함	go-yo-ham
calme (tranquille)	고요한	go-yo-han
pôle (m)	극	geuk
polaire (adj)	극지의	geuk-ji-ui
latitude (f)	위도	wi-do
longitude (f)	경도	gyeong-do
parallèle (f)	위도선	wi-do-seon
équateur (m)	적도	jeok-do
ciel (m)	하늘	ha-neul
horizon (m)	수평선	su-pyeong-seon
air (m)	공기	gong-gi
phare (m)	등대	deung-dae
plonger (vi)	뛰어들다	ttwi-eo-deul-da
sombrer (vi)	가라앉다	ga-ra-an-da
trésor (m)	보물	bo-mul

126. Les noms des mers et des océans

océan (m) Atlantique	대서양	dae-seo-yang
océan (m) Indien	인도양	in-do-yang
océan (m) Pacifique	태평양	tae-pyeong-yang
océan (m) Glacial	북극해	buk-geuk-ae
mer (f) Noire	흑해	heuk-ae
mer (f) Rouge	홍해	hong-hae
mer (f) Jaune	황해	hwang-hae
mer (f) Blanche	백해	baek-ae
mer (f) Caspienne	카스피 해	ka-seu-pi hae
mer (f) Morte	사해	sa-hae
mer (f) Méditerranée	지중해	ji-jung-hae
mer (f) Égée	에게 해	e-ge hae
mer (f) Adriatique	아드리아 해	a-deu-ri-a hae
mer (f) Arabique	아라비아 해	a-ra-bi-a hae
mer (f) du Japon	동해	dong-hae
mer (f) de Béring	베링 해	be-ring hae
mer (f) de Chine Méridionale	남중국해	nam-jung-guk-ae

mer (f) de Corail	산호해	san-ho-hae
mer (f) de Tasman	태즈먼 해	tae-jeu-meon hae
mer (f) Caraïbe	카리브 해	ka-ri-beu hae
mer (f) de Barents	바렌츠 해	ba-ren-cheu hae
mer (f) de Kara	카라 해	ka-ra hae
mer (f) du Nord	북해	buk-ae
mer (f) Baltique	발트 해	bal-teu hae
mer (f) de Norvège	노르웨이 해	no-reu-we-i hae

127. Les montagnes

montagne (f)	산	san
chaîne (f) de montagnes	산맥	san-maek
crête (f)	능선	neung-seon
sommet (m)	정상	jeong-sang
pic (m)	봉우리	bong-u-ri
pied (m)	기슭	gi-seuk
pente (f)	경사면	gyeong-sa-myeon
volcan (m)	화산	hwa-san
volcan (m) actif	활화산	hwal-hwa-san
volcan (m) éteint	사화산	sa-hwa-san
éruption (f)	폭발	pok-bal
cratère (m)	분화구	bun-hwa-gu
magma (m)	마그마	ma-geu-ma
lave (f)	용암	yong-am
en fusion (lave ~)	녹은	no-geun
canyon (m)	협곡	hyeop-gok
défilé (m) (gorge)	협곡	hyeop-gok
crevasse (f)	갈라진	gal-la-jin
col (m) de montagne	산길	san-gil
plateau (m)	고원	go-won
rocher (m)	절벽	jeol-byeok
colline (f)	언덕, 작은 산	eon-deok, ja-geun san
glacier (m)	빙하	bing-ha
chute (f) d'eau	폭포	pok-po
geyser (m)	간헐천	gan-heol-cheon
lac (m)	호수	ho-su
plaine (f)	평원	pyeong-won
paysage (m)	경관	gyeong-gwan
écho (m)	메아리	me-a-ri
alpiniste (m)	등산가	deung-san-ga
varappeur (m)	암벽 등반가	am-byeok deung-ban-ga
conquérir (vt)	정복하다	jeong-bok-a-da
ascension (f)	등반	deung-ban

128. Les noms des chaînes de montagne

Alpes (f pl)	알프스 산맥	al-peu-seu san-maek
Mont Blanc (m)	몽블랑 산	mong-beul-lang san
Pyrénées (f pl)	피레네 산맥	pi-re-ne san-maek
Carpates (f pl)	카르파티아 산맥	ka-reu-pa-ti-a san-maek
Monts Oural (m pl)	우랄 산맥	u-ral san-maek
Caucase (m)	코카서스 산맥	ko-ka-seo-seu san-maek
Elbrous (m)	엘브루스 산	el-beu-ru-seu san
Altaï (m)	알타이 산맥	al-ta-i san-maek
Tian Chan (m)	톈샨 산맥	ten-syan san-maek
Pamir (m)	파미르 고원	pa-mi-reu go-won
Himalaya (m)	히말라야 산맥	hi-mal-la-ya san-maek
Everest (m)	에베레스트 산	e-be-re-seu-teu san
Andes (f pl)	안데스 산맥	an-de-seu san-maek
Kilimandjaro (m)	킬리만자로 산	kil-li-man-ja-ro san

129. Les fleuves

rivière (f), fleuve (m)	강	gang
source (f)	샘	saem
lit (m) (d'une rivière)	강바닥	gang-ba-dak
bassin (m)	유역	yu-yeok
se jeter dans ...	... 로 흘러가다	... ro heul-leo-ga-da
affluent (m)	지류	ji-ryu
rive (f)	둑	duk
courant (m)	흐름	heu-reum
en aval	하류로	gang ha-ryu-ro
en amont	상류로	sang-nyu-ro
inondation (f)	홍수	hong-su
les grandes crues	홍수	hong-su
déborder (vt)	범람하다	beom-nam-ha-da
inonder (vt)	범람하다	beom-nam-ha-da
bas-fond (m)	얕은 곳	ya-teun got
rapide (m)	여울	yeo-ul
barrage (m)	댐	daem
canal (m)	운하	un-ha
lac (m) de barrage	저수지	jeo-su-ji
écluse (f)	수문	su-mun
plan (m) d'eau	저장 수량	jeo-jang su-ryang
marais (m)	늪, 소택지	neup, so-taek-ji
fondrière (f)	수렁	su-reong
tourbillon (m)	소용돌이	so-yong-do-ri
ruisseau (m)	개울, 시내	gae-ul, si-nae

potable (adj)	마실 수 있는	ma-sil su in-neun
douce (l'eau ~)	민물의	min-mu-rui
glace (f)	얼음	eo-reum
être gelé	얼다	eol-da

130. Les noms des fleuves

Seine (f)	센 강	sen gang
Loire (f)	루아르 강	ru-a-reu gang
Tamise (f)	템스 강	tem-seu gang
Rhin (m)	라인 강	ra-in gang
Danube (m)	도나우 강	do-na-u gang
Volga (f)	볼가 강	bol-ga gang
Don (m)	돈 강	don gang
Lena (f)	레나 강	re-na gang
Huang He (m)	황허강	hwang-heo-gang
Yangzi Jiang (m)	양자강	yang-ja-gang
Mékong (m)	메콩 강	me-kong gang
Gange (m)	갠지스 강	gaen-ji-seu gang
Nil (m)	나일 강	na-il gang
Congo (m)	콩고 강	kong-go gang
Okavango (m)	오카방고 강	o-ka-bang-go gang
Zambèze (m)	잠베지 강	jam-be-ji gang
Limpopo (m)	림포포 강	rim-po-po gang

131. La forêt

forêt (f)	숲	sup
forestier (adj)	산림의	sal-li-mui
fourré (m)	밀림	mil-lim
bosquet (m)	작은 숲	ja-geun sup
clairière (f)	빈터	bin-teo
broussailles (f pl)	덤불	deom-bul
taillis (m)	관목지	gwan-mok-ji
sentier (m)	오솔길	o-sol-gil
ravin (m)	도랑	do-rang
arbre (m)	나무	na-mu
feuille (f)	잎	ip
feuillage (m)	나뭇잎	na-mun-nip
chute (f) de feuilles	낙엽	na-gyeop
tomber (feuilles)	떨어지다	tteo-reo-ji-da
rameau (m)	가지	ga-ji

branche (f)	큰 가지	keun ga-ji
bourgeon (m)	잎눈	im-nun
aiguille (f)	바늘	ba-neul
pomme (f) de pin	솔방울	sol-bang-ul
creux (m)	구멍	gu-meong
nid (m)	둥지	dung-ji
terrier (m) (~ d'un renard)	굴	gul
tronc (m)	몸통	mom-tong
racine (f)	뿌리	ppu-ri
écorce (f)	껍질	kkeop-jil
mousse (f)	이끼	i-kki
déraciner (vt)	수목을 통째 뽑다	su-mo-geul tong-jjae ppop-da
abattre (un arbre)	자르다	ja-reu-da
déboiser (vt)	삼림을 없애다	sam-ni-meul reop-sae-da
souche (f)	그루터기	geu-ru-teo-gi
feu (m) de bois	모닥불	mo-dak-bul
incendie (m)	산불	san-bul
éteindre (feu)	끄다	kkeu-da
garde (m) forestier	산림경비원	sal-lim-gyeong-bi-won
protection (f)	보호	bo-ho
protéger (vt)	보호하다	bo-ho-ha-da
braconnier (m)	밀렵자	mil-lyeop-ja
piège (m) à mâchoires	덫	deot
cueillir (vt)	따다	tta-da
s'égarer (vp)	길을 잃다	gi-reul ril-ta

132. Les ressources naturelles

ressources (f pl) naturelles	천연 자원	cheo-nyeon ja-won
gisement (m)	매장량	mae-jang-nyang
champ (m) (~ pétrolifère)	지역	ji-yeok
extraire (vt)	채광하다	chae-gwang-ha-da
extraction (f)	막장일	mak-jang-il
minerai (m)	광석	gwang-seok
mine (f) (site)	광산	gwang-san
puits (m) de mine	갱도	gaeng-do
mineur (m)	광부	gwang-bu
gaz (m)	가스	ga-seu
gazoduc (m)	가스관	ga-seu-gwan
pétrole (m)	석유	seo-gyu
pipeline (m)	석유 파이프라인	seo-gyu pa-i-peu-ra-in
tour (f) de forage	유정	yu-jeong
derrick (m)	유정탑	yu-jeong-tap
pétrolier (m)	유조선	yu-jo-seon
sable (m)	모래	mo-rae

calcaire (m)	석회석	seok-oe-seok
gravier (m)	자갈	ja-gal
tourbe (f)	토탄	to-tan
argile (f)	점토	jeom-to
charbon (m)	석탄	seok-tan
fer (m)	철	cheol
or (m)	금	geum
argent (m)	은	eun
nickel (m)	니켈	ni-kel
cuivre (m)	구리	gu-ri
zinc (m)	아연	a-yeon
manganèse (m)	망간	mang-gan
mercure (m)	수은	su-eun
plomb (m)	납	nap
minéral (m)	광물	gwang-mul
cristal (m)	수정	su-jeong
marbre (m)	대리석	dae-ri-seok
uranium (m)	우라늄	u-ra-nyum

La Terre. Partie 2

133. Le temps

temps (m)	날씨	nal-ssi
météo (f)	일기 예보	il-gi ye-bo
température (f)	온도	on-do
thermomètre (m)	온도계	on-do-gye
baromètre (m)	기압계	gi-ap-gye
humidité (f)	습함, 습기	seu-pam, seup-gi
chaleur (f) (canicule)	더위	deo-wi
torride (adj)	더운	deo-un
il fait très chaud	덥다	deop-da
il fait chaud	따뜻하다	tta-tteu-ta-da
chaud (modérément)	따뜻한	tta-tteu-tan
il fait froid	춥다	chup-da
froid (adj)	추운	chu-un
soleil (m)	해	hae
briller (soleil)	빛나다	bin-na-da
ensoleillé (jour ~)	화창한	hwa-chang-han
se lever (vp)	뜨다	tteu-da
se coucher (vp)	지다	ji-da
nuage (m)	구름	gu-reum
nuageux (adj)	구름의	gu-reum-ui
sombre (adj)	흐린	heu-rin
pluie (f)	비	bi
il pleut	비가 오다	bi-ga o-da
pluvieux (adj)	비가 오는	bi-ga o-neun
bruiner (v imp)	이슬비가 내리다	i-seul-bi-ga nae-ri-da
pluie (f) torrentielle	억수	eok-su
averse (f)	호우	ho-u
forte (la pluie ~)	심한	sim-han
flaque (f)	웅덩이	ung-deong-i
se faire mouiller	젖다	jeot-da
brouillard (m)	안개	an-gae
brumeux (adj)	안개가 자욱한	an-gae-ga ja-uk-an
neige (f)	눈	nun
il neige	눈이 오다	nun-i o-da

134. Les intempéries. Les catastrophes naturelles

orage (m)	뇌우	noe-u
éclair (m)	번개	beon-gae
éclater (foudre)	번쩍이다	beon-jjeo-gi-da
tonnerre (m)	천둥	cheon-dung
gronder (tonnerre)	천둥이 치다	cheon-dung-i chi-da
le tonnerre gronde	천둥이 치다	cheon-dung-i chi-da
grêle (f)	싸락눈	ssa-rang-nun
il grêle	싸락눈이 내리다	ssa-rang-nun-i nae-ri-da
inonder (vt)	범람하다	beom-nam-ha-da
inondation (f)	홍수	hong-su
tremblement (m) de terre	지진	ji-jin
secousse (f)	진동	jin-dong
épicentre (m)	진앙	jin-ang
éruption (f)	폭발	pok-bal
lave (f)	용암	yong-am
tourbillon (m)	회오리바람	hoe-o-ri-ba-ram
tornade (f)	토네이도	to-ne-i-do
typhon (m)	태풍	tae-pung
ouragan (m)	허리케인	heo-ri-ke-in
tempête (f)	폭풍우	pok-pung-u
tsunami (m)	해일	hae-il
incendie (m)	불	bul
catastrophe (f)	재해	jae-hae
météorite (m)	운석	un-seok
avalanche (f)	눈사태	nun-sa-tae
éboulement (m)	눈사태	nun-sa-tae
blizzard (m)	눈보라	nun-bo-ra
tempête (f) de neige	눈보라	nun-bo-ra

La faune

135. Les mammifères. Les prédateurs

prédateur (m)	육식 동물	yuk-sik dong-mul
tigre (m)	호랑이	ho-rang-i
lion (m)	사자	sa-ja
loup (m)	이리	i-ri
renard (m)	여우	yeo-u
jaguar (m)	재규어	jae-gyu-eo
léopard (m)	표범	pyo-beom
guépard (m)	치타	chi-ta
puma (m)	퓨마	pyu-ma
léopard (m) de neiges	눈표범	nun-pyo-beom
lynx (m)	스라소니	seu-ra-so-ni
coyote (m)	코요테	ko-yo-te
chacal (m)	재칼	jae-kal
hyène (f)	하이에나	ha-i-e-na

136. Les animaux sauvages

animal (m)	동물	dong-mul
bête (f)	짐승	jim-seung
écureuil (m)	다람쥐	da-ram-jwi
hérisson (m)	고슴도치	go-seum-do-chi
lièvre (m)	토끼	to-kki
lapin (m)	굴토끼	gul-to-kki
blaireau (m)	오소리	o-so-ri
raton (m)	너구리	neo-gu-ri
hamster (m)	햄스터	haem-seu-teo
marmotte (f)	마멋	ma-meot
taupe (f)	두더지	du-deo-ji
souris (f)	생쥐	saeng-jwi
rat (m)	시궁쥐	si-gung-jwi
chauve-souris (f)	박쥐	bak-jwi
hermine (f)	북방족제비	buk-bang-jok-je-bi
zibeline (f)	검은담비	geo-meun-dam-bi
martre (f)	담비	dam-bi
vison (m)	밍크	ming-keu
castor (m)	비버	bi-beo
loutre (f)	수달	su-dal

cheval (m)	말	mal
élan (m)	엘크, 무스	el-keu, mu-seu
cerf (m)	사슴	sa-seum
chameau (m)	낙타	nak-ta
bison (m)	미국들소	mi-guk-deul-so
aurochs (m)	유럽들소	yu-reop-deul-so
buffle (m)	물소	mul-so
zèbre (m)	얼룩말	eol-lung-mal
antilope (f)	영양	yeong-yang
chevreuil (m)	노루	no-ru
biche (f)	다마사슴	da-ma-sa-seum
chamois (m)	샤모아	sya-mo-a
sanglier (m)	멧돼지	met-dwae-ji
baleine (f)	고래	go-rae
phoque (m)	바다표범	ba-da-pyo-beom
morse (m)	바다코끼리	ba-da-ko-kki-ri
ours (m) de mer	물개	mul-gae
dauphin (m)	돌고래	dol-go-rae
ours (m)	곰	gom
ours (m) blanc	북극곰	buk-geuk-gom
panda (m)	판다	pan-da
singe (m)	원숭이	won-sung-i
chimpanzé (m)	침팬지	chim-paen-ji
orang-outang (m)	오랑우탄	o-rang-u-tan
gorille (m)	고릴라	go-ril-la
macaque (m)	마카크	ma-ka-keu
gibbon (m)	긴팔원숭이	gin-pa-rwon-sung-i
éléphant (m)	코끼리	ko-kki-ri
rhinocéros (m)	코뿔소	ko-ppul-so
girafe (f)	기린	gi-rin
hippopotame (m)	하마	ha-ma
kangourou (m)	캥거루	kaeng-geo-ru
koala (m)	코알라	ko-al-la
mangouste (f)	몽구스	mong-gu-seu
chinchilla (m)	친칠라	chin-chil-la
mouffette (f)	스컹크	seu-keong-keu
porc-épic (m)	호저	ho-jeo

137. Les animaux domestiques

chat (m) (femelle)	고양이	go-yang-i
chat (m) (mâle)	수고양이	su-go-yang-i
cheval (m)	말	mal
étalon (m)	수말, 종마	su-mal, jong-ma
jument (f)	암말	am-mal

vache (f)	암소	am-so
taureau (m)	황소	hwang-so
bœuf (m)	수소	su-so
brebis (f)	양, 암양	yang, a-myang
mouton (m)	수양	su-yang
chèvre (f)	염소	yeom-so
bouc (m)	숫염소	sun-nyeom-so
âne (m)	당나귀	dang-na-gwi
mulet (m)	노새	no-sae
cochon (m)	돼지	dwae-ji
pourceau (m)	돼지 새끼	dwae-ji sae-kki
lapin (m)	집토끼	jip-to-kki
poule (f)	암탉	am-tak
coq (m)	수탉	su-tak
canard (m)	집오리	ji-bo-ri
canard (m) mâle	수오리	su-o-ri
oie (f)	집거위	jip-geo-wi
dindon (m)	수칠면조	su-chil-myeon-jo
dinde (f)	칠면조	chil-myeon-jo
animaux (m pl) domestiques	가축	ga-chuk
apprivoisé (adj)	길들여진	gil-deu-ryeo-jin
apprivoiser (vt)	길들이다	gil-deu-ri-da
élever (vt)	사육하다, 기르다	sa-yuk-a-da, gi-reu-da
ferme (f)	농장	nong-jang
volaille (f)	가금	ga-geum
bétail (m)	가축	ga-chuk
troupeau (m)	떼	tte
écurie (f)	마구간	ma-gu-gan
porcherie (f)	돼지 우리	dwae-ji u-ri
vacherie (f)	외양간	oe-yang-gan
cabane (f) à lapins	토끼장	to-kki-jang
poulailler (m)	닭장	dak-jang

138. Les oiseaux

oiseau (m)	새	sae
pigeon (m)	비둘기	bi-dul-gi
moineau (m)	참새	cham-sae
mésange (f)	박새	bak-sae
pie (f)	까치	kka-chi
corbeau (m)	갈가마귀	gal-ga-ma-gwi
corneille (f)	까마귀	kka-ma-gwi
choucas (m)	갈가마귀	gal-ga-ma-gwi
freux (m)	떼까마귀	ttae-kka-ma-gwi

canard (m)	오리	o-ri
oie (f)	거위	geo-wi
faisan (m)	꿩	kkwong
aigle (m)	독수리	dok-su-ri
épervier (m)	매	mae
faucon (m)	매	mae
vautour (m)	독수리, 콘도르	dok-su-ri, kon-do-reu
condor (m)	콘도르	kon-do-reu
cygne (m)	백조	baek-jo
grue (f)	두루미	du-ru-mi
cigogne (f)	황새	hwang-sae
perroquet (m)	앵무새	aeng-mu-sae
colibri (m)	벌새	beol-sae
paon (m)	공작	gong-jak
autruche (f)	타조	ta-jo
héron (m)	왜가리	wae-ga-ri
flamant (m)	플라밍고	peul-la-ming-go
pélican (m)	펠리컨	pel-li-keon
rossignol (m)	나이팅게일	na-i-ting-ge-il
hirondelle (f)	제비	je-bi
merle (m)	지빠귀	ji-ppa-gwi
grive (f)	노래지빠귀	no-rae-ji-ppa-gwi
merle (m) noir	대륙검은지빠귀	dae-ryuk-geo-meun-ji-ppa-gwi
martinet (m)	칼새	kal-sae
alouette (f) des champs	종다리	jong-da-ri
caille (f)	메추라기	me-chu-ra-gi
pivert (m)	딱따구리	ttak-tta-gu-ri
coucou (m)	뻐꾸기	ppeo-kku-gi
chouette (f)	올빼미	ol-ppae-mi
hibou (m)	수리부엉이	su-ri-bu-eong-i
tétras (m)	큰뇌조	keun-noe-jo
tétras-lyre (m)	멧닭	met-dak
perdrix (f)	자고	ja-go
étourneau (m)	찌르레기	jji-reu-re-gi
canari (m)	카나리아	ka-na-ri-a
pinson (m)	되새	doe-sae
bouvreuil (m)	피리새	pi-ri-sae
mouette (f)	갈매기	gal-mae-gi
albatros (m)	신천옹	sin-cheon-ong
pingouin (m)	펭귄	peng-gwin

139. Les poissons. Les animaux marins

brème (f)	도미류	do-mi-ryu
carpe (f)	잉어	ing-eo

perche (f)	농어의 일종	nong-eo-ui il-jong
silure (m)	메기	me-gi
brochet (m)	북부민물꼬치고기	buk-bu-min-mul-kko-chi-go-gi
saumon (m)	연어	yeon-eo
esturgeon (m)	철갑상어	cheol-gap-sang-eo
hareng (m)	청어	cheong-eo
saumon (m) atlantique	대서양 연어	dae-seo-yang yeon-eo
maquereau (m)	고등어	go-deung-eo
flet (m)	넙치	neop-chi
morue (f)	대구	dae-gu
thon (m)	참치	cham-chi
truite (f)	송어	song-eo
anguille (f)	뱀장어	baem-jang-eo
torpille (f)	시끈가오리	si-kkeun-ga-o-ri
murène (f)	곰치	gom-chi
piranha (m)	피라니아	pi-ra-ni-a
requin (m)	상어	sang-eo
dauphin (m)	돌고래	dol-go-rae
baleine (f)	고래	go-rae
crabe (m)	게	ge
méduse (f)	해파리	hae-pa-ri
pieuvre (f), poulpe (m)	낙지	nak-ji
étoile (f) de mer	불가사리	bul-ga-sa-ri
oursin (m)	성게	seong-ge
hippocampe (m)	해마	hae-ma
huître (f)	굴	gul
crevette (f)	새우	sae-u
homard (m)	바닷가재	ba-dat-ga-jae
langoustine (f)	대하	dae-ha

140. Les amphibiens. Les reptiles

serpent (m)	뱀	baem
venimeux (adj)	독이 있는	do-gi in-neun
vipère (f)	살무사	sal-mu-sa
cobra (m)	코브라	ko-beu-ra
python (m)	비단뱀	bi-dan-baem
boa (m)	보아	bo-a
couleuvre (f)	풀뱀	pul-baem
serpent (m) à sonnettes	방울뱀	bang-ul-baem
anaconda (m)	아나콘다	a-na-kon-da
lézard (m)	도마뱀	do-ma-baem
iguane (m)	이구아나	i-gu-a-na

salamandre (f)	도롱뇽	do-rong-nyong
caméléon (m)	카멜레온	ka-mel-le-on
scorpion (m)	전갈	jeon-gal
tortue (f)	거북	geo-buk
grenouille (f)	개구리	gae-gu-ri
crapaud (m)	두꺼비	du-kkeo-bi
crocodile (m)	악어	a-geo

141. Les insectes

insecte (m)	곤충	gon-chung
papillon (m)	나비	na-bi
fourmi (f)	개미	gae-mi
mouche (f)	파리	pa-ri
moustique (m)	모기	mo-gi
scarabée (m)	딱정벌레	ttak-jeong-beol-le
guêpe (f)	말벌	mal-beol
abeille (f)	꿀벌	kkul-beol
bourdon (m)	호박벌	ho-bak-beol
œstre (m)	쇠파리	soe-pa-ri
araignée (f)	거미	geo-mi
toile (f) d'araignée	거미줄	geo-mi-jul
libellule (f)	잠자리	jam-ja-ri
sauterelle (f)	메뚜기	me-ttu-gi
papillon (m)	나방	na-bang
cafard (m)	바퀴벌레	ba-kwi-beol-le
tique (f)	진드기	jin-deu-gi
puce (f)	벼룩	byeo-ruk
moucheron (m)	깔따구	kkal-tta-gu
criquet (m)	메뚜기	me-ttu-gi
escargot (m)	달팽이	dal-paeng-i
grillon (m)	귀뚜라미	gwi-ttu-ra-mi
luciole (f)	개똥벌레	gae-ttong-beol-le
coccinelle (f)	무당벌레	mu-dang-beol-le
hanneton (m)	왕풍뎅이	wang-pung-deng-i
sangsue (f)	거머리	geo-meo-ri
chenille (f)	애벌레	ae-beol-le
ver (m)	지렁이	ji-reong-i
larve (f)	애벌레	ae-beol-le

La flore

142. Les arbres

arbre (m)	나무	na-mu
à feuilles caduques	낙엽수의	na-gyeop-su-ui
conifère (adj)	침엽수의	chi-myeop-su-ui
à feuilles persistantes	상록의	sang-no-gui
pommier (m)	사과나무	sa-gwa-na-mu
poirier (m)	배나무	bae-na-mu
merisier (m), cerisier (m)	벚나무	beon-na-mu
prunier (m)	자두나무	ja-du-na-mu
bouleau (m)	자작나무	ja-jang-na-mu
chêne (m)	오크	o-keu
tilleul (m)	보리수	bo-ri-su
tremble (m)	사시나무	sa-si-na-mu
érable (m)	단풍나무	dan-pung-na-mu
épicéa (m)	가문비나무	ga-mun-bi-na-mu
pin (m)	소나무	so-na-mu
mélèze (m)	낙엽송	na-gyeop-song
sapin (m)	전나무	jeon-na-mu
cèdre (m)	시다	si-da
peuplier (m)	포플러	po-peul-leo
sorbier (m)	마가목	ma-ga-mok
saule (m)	버드나무	beo-deu-na-mu
aune (m)	오리나무	o-ri-na-mu
hêtre (m)	너도밤나무	neo-do-bam-na-mu
orme (m)	느릅나무	neu-reum-na-mu
frêne (m)	물푸레나무	mul-pu-re-na-mu
marronnier (m)	밤나무	bam-na-mu
magnolia (m)	목련	mong-nyeon
palmier (m)	야자나무	ya-ja-na-mu
cyprès (m)	사이프러스	sa-i-peu-reo-seu
palétuvier (m)	맹그로브	maeng-geu-ro-beu
baobab (m)	바오밥나무	ba-o-bam-na-mu
eucalyptus (m)	유칼립투스	yu-kal-lip-tu-seu
séquoia (m)	세쿼이아	se-kwo-i-a

143. Les arbustes

buisson (m)	덤불	deom-bul
arbrisseau (m)	관목	gwan-mok

T&P Books. Vocabulaire Français-Coréen pour l'autoformation. 5000 mots

vigne (f)	포도 덩굴	po-do deong-gul
vigne (f) (vignoble)	포도밭	po-do-bat
framboise (f)	라즈베리	ra-jeu-be-ri
groseille (f) rouge	레드커런트 나무	re-deu-keo-reon-teu na-mu
groseille (f) verte	구스베리 나무	gu-seu-be-ri na-mu
acacia (m)	아카시아	a-ka-si-a
berbéris (m)	매자나무	mae-ja-na-mu
jasmin (m)	재스민	jae-seu-min
genévrier (m)	두송	du-song
rosier (m)	장미 덤불	jang-mi deom-bul
églantier (m)	찔레나무	jjil-le-na-mu

144. Les fruits. Les baies

pomme (f)	사과	sa-gwa
poire (f)	배	bae
prune (f)	자두	ja-du
fraise (f)	딸기	ttal-gi
cerise (f)	신양	si-nyang
merise (f)	양벚나무	yang-beon-na-mu
raisin (m)	포도	po-do
framboise (f)	라즈베리	ra-jeu-be-ri
cassis (m)	블랙커렌트	beul-laek-keo-ren-teu
groseille (f) rouge	레드커렌트	re-deu-keo-ren-teu
groseille (f) verte	구스베리	gu-seu-be-ri
canneberge (f)	크랜베리	keu-raen-be-ri
orange (f)	오렌지	o-ren-ji
mandarine (f)	귤	gyul
ananas (m)	파인애플	pa-in-ae-peul
banane (f)	바나나	ba-na-na
datte (f)	대추야자	dae-chu-ya-ja
citron (m)	레몬	re-mon
abricot (m)	살구	sal-gu
pêche (f)	복숭아	bok-sung-a
kiwi (m)	키위	ki-wi
pamplemousse (m)	자몽	ja-mong
baie (f)	장과	jang-gwa
baies (f pl)	장과류	jang-gwa-ryu
airelle (f) rouge	월귤나무	wol-gyul-la-mu
fraise (f) des bois	야생딸기	ya-saeng-ttal-gi
myrtille (f)	빌베리	bil-be-ri

145. Les fleurs. Les plantes

fleur (f)	꽃	kkot
bouquet (m)	꽃다발	kkot-da-bal

136

rose (f)	장미	jang-mi
tulipe (f)	튤립	tyul-lip
oeillet (m)	카네이션	ka-ne-i-syeon
glaïeul (m)	글라디올러스	geul-la-di-ol-leo-seu
bleuet (m)	수레국화	su-re-guk-wa
campanule (f)	실잔대	sil-jan-dae
dent-de-lion (f)	민들레	min-deul-le
marguerite (f)	캐모마일	kae-mo-ma-il
aloès (m)	알로에	al-lo-e
cactus (m)	선인장	seon-in-jang
ficus (m)	고무나무	go-mu-na-mu
lis (m)	백합	baek-ap
géranium (m)	제라늄	je-ra-nyum
jacinthe (f)	히아신스	hi-a-sin-seu
mimosa (m)	미모사	mi-mo-sa
jonquille (f)	수선화	su-seon-hwa
capucine (f)	한련	hal-lyeon
orchidée (f)	난초	nan-cho
pivoine (f)	모란	mo-ran
violette (f)	바이올렛	ba-i-ol-let
pensée (f)	팬지	paen-ji
myosotis (m)	물망초	mul-mang-cho
pâquerette (f)	데이지	de-i-ji
coquelicot (m)	양귀비	yang-gwi-bi
chanvre (m)	삼	sam
menthe (f)	박하	bak-a
muguet (m)	은방울꽃	eun-bang-ul-kkot
perce-neige (f)	스노드롭	seu-no-deu-rop
ortie (f)	쐐기풀	sswae-gi-pul
oseille (f)	수영	su-yeong
nénuphar (m)	수련	su-ryeon
fougère (f)	고사리	go-sa-ri
lichen (m)	이끼	i-kki
serre (f) tropicale	온실	on-sil
gazon (m)	잔디	jan-di
parterre (m) de fleurs	꽃밭	kkot-bat
plante (f)	식물	sing-mul
herbe (f)	풀	pul
brin (m) d'herbe	풀잎	pu-rip
feuille (f)	잎	ip
pétale (m)	꽃잎	kko-chip
tige (f)	줄기	jul-gi
tubercule (m)	구근	gu-geun
pousse (f)	새싹	sae-ssak

épine (f)	가시	ga-si
fleurir (vi)	피우다	pi-u-da
se faner (vp)	시들다	si-deul-da
odeur (f)	향기	hyang-gi
couper (vt)	자르다	ja-reu-da
cueillir (fleurs)	따다	tta-da

146. Les céréales

grains (m pl)	곡물	gong-mul
céréales (f pl) (plantes)	곡류	gong-nyu
épi (m)	이삭	i-sak
blé (m)	밀	mil
seigle (m)	호밀	ho-mil
avoine (f)	귀리	gwi-ri
millet (m)	수수, 기장	su-su, gi-jang
orge (f)	보리	bo-ri
maïs (m)	옥수수	ok-su-su
riz (m)	쌀	ssal
sarrasin (m)	메밀	me-mil
pois (m)	완두	wan-du
haricot (m)	강낭콩	gang-nang-kong
soja (m)	콩	kong
lentille (f)	렌즈콩	ren-jeu-kong
fèves (f pl)	콩	kong

LES PAYS DU MONDE. LES NATIONALITÉS

147. L'Europe de l'Ouest

Europe (f)	유럽	yu-reop
Union (f) européenne	유럽 연합	yu-reop byeon-hap
Autriche (f)	오스트리아	o-seu-teu-ri-a
Grande-Bretagne (f)	영국	yeong-guk
Angleterre (f)	잉글랜드	ing-geul-laen-deu
Belgique (f)	벨기에	bel-gi-e
Allemagne (f)	독일	do-gil
Pays-Bas (m)	네덜란드	ne-deol-lan-deu
Hollande (f)	네덜란드	ne-deol-lan-deu
Grèce (f)	그리스	geu-ri-seu
Danemark (m)	덴마크	den-ma-keu
Irlande (f)	아일랜드	a-il-laen-deu
Islande (f)	아이슬란드	a-i-seul-lan-deu
Espagne (f)	스페인	seu-pe-in
Italie (f)	이탈리아	i-tal-li-a
Chypre (m)	키프로스	ki-peu-ro-seu
Malte (f)	몰타	mol-ta
Norvège (f)	노르웨이	no-reu-we-i
Portugal (m)	포르투갈	po-reu-tu-gal
Finlande (f)	핀란드	pil-lan-deu
France (f)	프랑스	peu-rang-seu
Suède (f)	스웨덴	seu-we-den
Suisse (f)	스위스	seu-wi-seu
Écosse (f)	스코틀랜드	seu-ko-teul-laen-deu
Vatican (m)	바티칸	ba-ti-kan
Liechtenstein (m)	리히텐슈타인	ri-hi-ten-syu-ta-in
Luxembourg (m)	룩셈부르크	ruk-sem-bu-reu-keu
Monaco (m)	모나코	mo-na-ko

148. L'Europe Centrale et l'Europe de l'Est

Albanie (f)	알바니아	al-ba-ni-a
Bulgarie (f)	불가리아	bul-ga-ri-a
Hongrie (f)	헝가리	heong-ga-ri
Lettonie (f)	라트비아	ra-teu-bi-a
Lituanie (f)	리투아니아	ri-tu-a-ni-a
Pologne (f)	폴란드	pol-lan-deu

Roumanie (f)	루마니아	ru-ma-ni-a
Serbie (f)	세르비아	se-reu-bi-a
Slovaquie (f)	슬로바키아	seul-lo-ba-ki-a
Croatie (f)	크로아티아	keu-ro-a-ti-a
République (f) Tchèque	체코	che-ko
Estonie (f)	에스토니아	e-seu-to-ni-a
Bosnie (f)	보스니아 헤르체코비나	bo-seu-ni-a he-reu-che-ko-bi-na
Macédoine (f)	마케도니아	ma-ke-do-ni-a
Slovénie (f)	슬로베니아	seul-lo-be-ni-a
Monténégro (m)	몬테네그로	mon-te-ne-geu-ro

149. Les pays de l'ex-U.R.S.S.

Azerbaïdjan (m)	아제르바이잔	a-je-reu-ba-i-jan
Arménie (f)	아르메니아	a-reu-me-ni-a
Biélorussie (f)	벨로루시	bel-lo-ru-si
Géorgie (f)	그루지야	geu-ru-ji-ya
Kazakhstan (m)	카자흐스탄	ka-ja-heu-seu-tan
Kirghizistan (m)	키르기스스탄	ki-reu-gi-seu-seu-tan
Moldavie (f)	몰도바	mol-do-ba
Russie (f)	러시아	reo-si-a
Ukraine (f)	우크라이나	u-keu-ra-i-na
Tadjikistan (m)	타지키스탄	ta-ji-ki-seu-tan
Turkménistan (m)	투르크메니스탄	tu-reu-keu-me-ni-seu-tan
Ouzbékistan (m)	우즈베키스탄	u-jeu-be-ki-seu-tan

150. L'Asie

Asie (f)	아시아	a-si-a
Vietnam (m)	베트남	be-teu-nam
Inde (f)	인도	in-do
Israël (m)	이스라엘	i-seu-ra-el
Chine (f)	중국	jung-guk
Liban (m)	레바논	re-ba-non
Mongolie (f)	몽골	mong-gol
Malaisie (f)	말레이시아	mal-le-i-si-a
Pakistan (m)	파키스탄	pa-ki-seu-tan
Arabie (f) Saoudite	사우디아라비아	sa-u-di-a-ra-bi-a
Thaïlande (f)	태국	tae-guk
Taïwan (m)	대만	dae-man
Turquie (f)	터키	teo-ki
Japon (m)	일본	il-bon
Afghanistan (m)	아프가니스탄	a-peu-ga-ni-seu-tan

Bangladesh (m)	방글라데시	bang-geul-la-de-si
Indonésie (f)	인도네시아	in-do-ne-si-a
Jordanie (f)	요르단	yo-reu-dan
Iraq (m)	이라크	i-ra-keu
Iran (m)	이란	i-ran
Cambodge (m)	캄보디아	kam-bo-di-a
Koweït (m)	쿠웨이트	ku-we-i-teu
Laos (m)	라오스	ra-o-seu
Myanmar (m)	미얀마	mi-yan-ma
Népal (m)	네팔	ne-pal
Fédération (f) des Émirats Arabes Unis	아랍에미리트	a-ra-be-mi-ri-teu
Syrie (f)	시리아	si-ri-a
Palestine (f)	팔레스타인	pal-le-seu-ta-in
Corée (f) du Sud	한국	han-guk
Corée (f) du Nord	북한	buk-an

151. L'Amérique du Nord

Les États Unis	미국	mi-guk
Canada (m)	캐나다	kae-na-da
Mexique (m)	멕시코	mek-si-ko

152. L'Amérique Centrale et l'Amérique du Sud

Argentine (f)	아르헨티나	a-reu-hen-ti-na
Brésil (m)	브라질	beu-ra-jil
Colombie (f)	콜롬비아	kol-lom-bi-a
Cuba (f)	쿠바	ku-ba
Chili (m)	칠레	chil-le
Bolivie (f)	볼리비아	bol-li-bi-a
Venezuela (f)	베네수엘라	be-ne-su-el-la
Paraguay (m)	파라과이	pa-ra-gwa-i
Pérou (m)	페루	pe-ru
Surinam (m)	수리남	su-ri-nam
Uruguay (m)	우루과이	u-ru-gwa-i
Équateur (m)	에콰도르	e-kwa-do-reu
Bahamas (f pl)	바하마	ba-ha-ma
Haïti (m)	아이티	a-i-ti
République (f) Dominicaine	도미니카 공화국	do-mi-ni-ka gong-hwa-guk
Panamá (m)	파나마	pa-na-ma
Jamaïque (f)	자메이카	ja-me-i-ka

153. L'Afrique

Égypte (f)	이집트	i-jip-teu
Maroc (m)	모로코	mo-ro-ko
Tunisie (f)	튀니지	twi-ni-ji
Ghana (m)	가나	ga-na
Zanzibar (m)	잔지바르	jan-ji-ba-reu
Kenya (m)	케냐	ke-nya
Libye (f)	리비아	ri-bi-a
Madagascar (f)	마다가스카르	ma-da-ga-seu-ka-reu
Namibie (f)	나미비아	na-mi-bi-a
Sénégal (m)	세네갈	se-ne-gal
Tanzanie (f)	탄자니아	tan-ja-ni-a
République (f) Sud-africaine	남아프리카 공화국	nam-a-peu-ri-ka gong-hwa-guk

154. L'Australie et Océanie

Australie (f)	호주	ho-ju
Nouvelle Zélande (f)	뉴질랜드	nyu-jil-laen-deu
Tasmanie (f)	태즈메이니아	tae-jeu-me-i-ni-a
Polynésie (f) Française	폴리네시아	pol-li-ne-si-a

155. Les grandes villes

Amsterdam (f)	암스테르담	am-seu-te-reu-dam
Ankara (m)	앙카라	ang-ka-ra
Athènes (m)	아테네	a-te-ne
Bagdad (m)	바그다드	ba-geu-da-deu
Bangkok (m)	방콕	bang-kok
Barcelone (f)	바르셀로나	ba-reu-sel-lo-na
Berlin (m)	베를린	be-reul-lin
Beyrouth (m)	베이루트	be-i-ru-teu
Bombay (m)	봄베이, 뭄바이	bom-be-i, mum-ba-i
Bonn (f)	본	bon
Bordeaux (f)	보르도	bo-reu-do
Bratislava (m)	브라티슬라바	beu-ra-ti-seul-la-ba
Bruxelles (m)	브뤼셀	beu-rwi-sel
Bucarest (m)	부쿠레슈티	bu-ku-re-syu-ti
Budapest (m)	부다페스트	bu-da-pe-seu-teu
Caire (m)	카이로	ka-i-ro
Calcutta (f)	캘커타	kael-keo-ta
Chicago (f)	시카고	si-ka-go
Copenhague (f)	코펜하겐	ko-pen-ha-gen
Dar es-Salaam (f)	다르에스살람	da-reu-e-seu-sal-lam

Delhi (f)	델리	del-li
Dubaï (f)	두바이	du-ba-i
Dublin (f)	더블린	deo-beul-lin
Düsseldorf (f)	뒤셀도르프	dwi-sel-do-reu-peu
Florence (f)	플로렌스	peul-lo-ren-seu
Francfort (f)	프랑크푸르트	peu-rang-keu-pu-reu-teu
Genève (f)	제네바	je-ne-ba
Hague (f)	헤이그	he-i-geu
Hambourg (f)	함부르크	ham-bu-reu-keu
Hanoi (f)	하노이	ha-no-i
Havane (f)	아바나	a-ba-na
Helsinki (f)	헬싱키	hel-sing-ki
Hiroshima (f)	히로시마	hi-ro-si-ma
Hong Kong (m)	홍콩	hong-kong
Istanbul (f)	이스탄불	i-seu-tan-bul
Jérusalem (f)	예루살렘	ye-ru-sal-lem
Kiev (f)	키예프	ki-ye-peu
Kuala Lumpur (f)	콸라룸푸르	kwal-la-rum-pu-reu
Lisbonne (f)	리스본	ri-seu-bon
Londres (m)	런던	reon-deon
Los Angeles (f)	로스앤젤레스	ro-seu-aen-jel-le-seu
Lyon (f)	리옹	ri-ong
Madrid (f)	마드리드	ma-deu-ri-deu
Marseille (f)	마르세유	ma-reu-se-yu
Mexico (f)	멕시코시티	mek-si-ko-si-ti
Miami (f)	마이애미	ma-i-ae-mi
Montréal (f)	몬트리올	mon-teu-ri-ol
Moscou (f)	모스크바	mo-seu-keu-ba
Munich (f)	뮌헨	mwin-hen
Nairobi (f)	나이로비	na-i-ro-bi
Naples (f)	나폴리	na-pol-li
New York (f)	뉴욕	nyu-yok
Nice (f)	니스	ni-seu
Oslo (m)	오슬로	o-seul-lo
Ottawa (m)	오타와	o-ta-wa
Paris (m)	파리	pa-ri
Pékin (m)	베이징	be-i-jing
Prague (m)	프라하	peu-ra-ha
Rio de Janeiro (m)	리우데자네이루	ri-u-de-ja-ne-i-ru
Rome (f)	로마	ro-ma
Saint-Pétersbourg (m)	상트페테르부르크	sang-teu-pe-te-reu-bu-reu-keu
Séoul (m)	서울	seo-ul
Shanghai (m)	상하이	sang-ha-i
Sidney (m)	시드니	si-deu-ni
Singapour (f)	싱가포르	sing-ga-po-reu
Stockholm (m)	스톡홀름	seu-tok-ol-leum
Taipei (m)	타이베이	ta-i-be-i
Tokyo (m)	도쿄	do-kyo

Toronto (m)	토론토	to-ron-to
Varsovie (f)	바르샤바	ba-reu-sya-ba
Venise (f)	베니스	be-ni-seu
Vienne (f)	빈	bin
Washington (f)	워싱턴	wo-sing-teon

www.ingramcontent.com/pod-product-compliance
Lightning Source LLC
Chambersburg PA
CBHW070601050426
42450CB00011B/2932